切って並べて焼くだけ！

ごちそう
オーブン料理

上島亜紀

CUT, PLACE AND JUST BAKE! FABULOUS OVEN RECIPES

Gakken

オーブンを使いこなせていない人へ。
デイリーなおかずから、ごちそう、煮込みまで
あらゆるオーブン料理レシピの決定版！

皆さんのご家庭のキッチンにあるオーブン。いろいろな機能があるのに、使いこなせていない…という人も多いのではないでしょうか。オーブン調理は、表面にこんがりと焦げ目をつけながら、まわりからじっくりと中まで熱を伝えるので、食材がもつうまみを最大限に引き出し、ジューシーで濃厚なおいしさに仕上がります。煮込み料理なら、まるで長時間かけて弱火でコトコト煮込んだような味わいに。この本では、お手持ちの耐熱容器で作る2〜3人分のオーブン料理のレシピから、天板1枚を使った大皿のごちそう料理、鋳物ホーロー鍋をそのままオーブンに入れて作る煮込み料理まで、一冊にまとめました。毎日のデイリーなごはんはもちろん、人が集まるときのおもてなし料理や、手軽に作れるパンやお菓子など、オーブン料理って本当に便利！と思っていただけるようなレシピを豊富に紹介しています。オーブンなら、時間のかかる料理もほったらかしでまかせられますし、暑い夏はキッチンから離れることもできます。皆さんの毎日のごはん作りが、オーブン調理でおいしく楽しくなることを願っています。

上島亜紀

CONTENTS

【 Part 1 】 耐熱容器に入れて焼くだけ。

2〜3人分から作れてほったらかしでOK！ 毎日がオーブン料理

Column 深い容器でじっくりコトコト、スープレシピ

Column 包んでおいしいスチーム焼きレシピ

Part 2 天板1枚あるだけで。

01 肉・魚介・野菜で作る 毎日食べたい、こんがりおかず

02 　思わず歓声が上がる! とっておきの日のごちそうおかず

03 　アツアツ! グラタン&ドリア

04 サクサク！ふわふわ！粉ものレシピ

05 おみやげ、プレゼントにも♪ 型いらずの簡単スイーツ

Column 驚くほどやわらか、ジューシー！ 肉×フルーツのおいしいレシピ

Part 3 オーブンと鍋があれば。

01 煮込み時間15分からできる毎日作りたい定番煮込み

Column ごはんにかける煮込み料理

02 時間をかけて煮込むからおいしい。とっておきの日のじっくり煮込み

Column オイルを注いでオーブンに入れるだけ！コンフィ

03　家族みんなが大好きなアツアツ、トロトロシチュー&カレー

Column　作りおきソース

04　季節のフルーツで作る コンポート&コンフィチュール

この本の使い方

○本書で使用しているオーブンはガスオーブンです。電気オーブンを使用する場合は、火力が異なりますので、調節をしながら使ってください。加熱温度はレシピの表示より10〜20℃高めに設定するとよいでしょう。

○オーブンは機種により性能に差があるため、表示の温度と加熱時間を目安に、ご使用のオーブンに合わせて調整してください。

○表示の加熱時間は、レシピの分量で調理する場合の時間の目安です。

○計量単位は1カップ＝200mℓ、大さじ1＝15mℓ、小さじ1＝5mℓです。

○「少々」は小さじ1/6未満、「適量」はちょうどよい量を入れること、「適宜」は好みで必要であれば入れることを示します。

○野菜類はとくに記載のない場合、皮をむくなどの下処理を済ませてからの手順を説明しています。

○だし汁はかつお節と昆布でとった無塩のものを使っています。

○小麦粉はとくに指定のない場合、薄力粉を使用しています。

○電子レンジは600Wを基本としています。500Wの場合は加熱時間を1.2倍にしてください。

○鍋は、基本的に直径20〜22cmの大きさのものを使用しています。ただし、P186〜189のコンフィ、P204〜207の作りおきソース、P210〜216のコンポート&コンフィチュールは直径約18cmの鍋を使用しています。

自分のオーブンを
使いこなすためのHOW TO講座

オーブンの種類は大きく分けて「ガスオーブン」と「電気オーブン」の2つ。さらに電気オーブンの中には「スチームオーブン」もあります。それぞれの特徴を知りましょう。

オーブンの加熱のしくみって?

空気を熱し、食品の水蒸気でじっくり加熱する

ガスやヒーターによって空気がじっくりと熱され、食品から発生する水蒸気と一緒に、庫内を100℃以上の状態にし、空気と水蒸気を循環させながら食材を間接的に加熱するのがオーブンの加熱のしくみ。本書ではガスオーブンを使用していますが、**電気オーブンを使う場合は、火力が弱いので、加熱温度をレシピより約10〜20℃高く設定してください。**

	機能	加熱のしくみ	特徴
ガスオーブン	**オーブン機能がメイン。電子コンベックタイプも** ガスオーブンはオーブン加熱の機能がメイン。電子レンジ機能も使える電子コンベックタイプも人気です。	**ガスの火力による熱風で加熱** 空気をじっくりと熱し、熱風と食材の水蒸気で、食材の表面をこんがりと焼き上げ、中まで火を通します。	**短時間で高温になりやすく、火力が強い** 火力が強いため高温になりやすく、庫内の温度も下がりにくいのが特徴。短時間でパリッとジューシーに。
電気オーブン	**グリルや、電子レンジの機能もある** オーブン加熱の機能だけでなく、グリル機能や電子レンジ機能がついているオーブンレンジが主流。	**庫内のヒーターから出る熱風によって加熱** ヒーターから出る熱風で空気をじっくり熱し、食材から出る水蒸気とともに、食材を間接的に加熱します。	**温度が上がりにくく、下がりやすい** 比較的温度が上がりにくい傾向がありますが、最近はガスオーブンに近い火力の機種も多く見られます。
スチームオーブン	**水蒸気によるスチーム機能が充実** スチーム機能によって、蒸し焼きや、油を使わない揚げ物などの料理を作ることもできます。	**ヒーターで空気を温め、スチームで素早く加熱** 空気と食品から発生する水蒸気による加熱ではなく、水を沸騰させて100℃以上の過熱水蒸気で加熱します。	**内部まで素早く火が通ってジューシー** 水蒸気を利用して内側までしっかりと火を通すことができるので、外はカリカリ、中はしっとりを実現。

3 STEPで作る
オーブン料理の手順

この本で紹介するオーブン料理は本当に簡単！ 基本たったの3STEPで、どんな調理器具で作るよりもおいしい料理ができちゃいます。まずは、調理の流れを覚えましょう。

STEP 1	準備する

野菜は食べやすい大きさに切りましょう。このとき、なるべく大きさや切り方をそろえるのが加熱ムラをなくすコツ。肉や魚介も同様に切って水けをしっかり拭き取る、下味をつけるなどの下準備をします。このときに調味料やトッピングなどの準備もしてしまいましょう。また、オーブンの予熱の温度のセットも事前にしておくと、直前に慌てずに済みます。

オーブンを温める

MEMO
**天板にのせる
分量のこと**

本書のPart2では、天板1枚の分量で作るレシピを掲載しています。ガスオーブン用の天板を基準にしているので、電気オーブン用の天板を使う場合は、約1.5倍量の材料が必要になります。

STEP 2	並べる

下準備をした肉や魚介、野菜を、耐熱容器や天板、鍋の中に並べます。野菜を下に、肉や魚介を上にのせるのが基本。かたまり肉や魚介は真ん中におき、野菜をまわりに並べると見た目もきれいです。鶏肉の皮目は上にして焼くとパリッと仕上がるのでおすすめ。レシピによってはクッキングシートをのせたり、アルミホイルをかぶせたりするのを忘れずに。

オーブンに入れ、時間を設定

MEMO
**焼きムラをなくす
並べ方のコツ**

Part1〜2のレシピでは、材料に下味の調味料や油を絡めたあと、耐熱容器や天板に並べます。その際、肉や魚介同士が重ならないように並べることが焼きムラをなくすポイントです。

STEP 3	加熱する

予熱と材料の下準備が終わったら、オーブンにセットして扉を閉めます。レシピに表示されている時間を設定し、スタートボタンを押して加熱開始！ 焼き上がったら、ミトンをして取り出し、一度、鍋敷きの上において。アツアツのうちに別の器に盛りつけても、そのままテーブルに運んでもOK！ 汁が出やすいのでこぼさないように注意して。

MEMO
**オーブンの種類による
加熱時間の違いのこと**

オーブンの機種によって火力に違いがあるので、途中で焼き色を確かめながら加熱時間の調整を。電気オーブンを使うときは、扉を開けるたびに熱が下がりやすいので、20℃ぐらい高い温度で予熱して。

オーブンに入れられる鍋の種類について

オーブンで煮込み料理を作るときに欠かせないものといえばもちろん「鍋」。オーブン加熱に向いている鍋の種類もいろいろなので、特徴をつかんで上手に使いこなしましょう。

基本は鋳物ホーロー鍋。ダッチオーブンなどもOK

オーブン加熱に向いている鍋の種類は「鋳物ホーロー鍋」のほか、「ダッチオーブン」「土鍋」が代表的です。鍋は本体のほか、取っ手、ツマミなどすべての材質が耐熱温度250℃以上のものが安心です。ツマミはステンレス製がベスト。樹脂製の場合は、作りたいレシピの加熱温度をみて使用できるかどうかを確認しましょう。オーブンの種類は、ガスオーブン、電気オーブンどちらでもOK。ただし、電気オーブンはやや火力が弱いので、様子をみながら加熱時間を調整するとよいでしょう。鍋の大きさはオーブンの天板にのる大きさであれば使用できます。

	特徴
鋳物ホーロー鍋	●材質は鋳物ホーロー ●耐熱性、耐久性に優れている ●熱伝導性、保温性が高い
ダッチオーブン	●材質は鉄 ●蓄熱性と保温性が高い ●無水調理に向いている
土鍋	●材質は粘土 ●直火＆オーブン加熱どちらも使用OK ●保温性が高い ＊IH対応の場合はオーブン加熱不可のものもあるので、確認してから使いましょう。

サイズのこと	形のこと	
直径16〜18cm 1〜2人分の調理にぴったり。ソースやコンフィ、コンポートなどを作るときに。	**ラウンド形** 丸形。一番ベーシックな形で、熱のあたりが均一になるので、オーブン煮込みに最適。	
直径20〜22cm たっぷり4人分の煮込み料理を作るときに最適な大きさ。カレーやシチューもこのサイズで。	**オーバル形** 一尾魚など、長さのある食材を煮込むときに。テーブル上で取り分ける料理にもおすすめ。	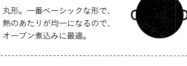
直径24〜26cm 大きい骨つき肉の煮込みや具材がゴロゴロした煮込み、6〜8人分を作るときに。	**浅形** 鍋ものや煮魚、かたまり肉の煮込みに。深さがないので、汁が少ない料理がベスト。	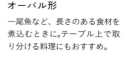

用意して
おきたい道具

オーブン料理に用意しておきたい道具たち。これらをそろえておけば、スムーズに調理が進みます。早速、切って並べて加熱するだけのオーブン料理に挑戦してみましょう。

耐熱容器

オーブンで使用可能な耐熱容器はホーロー、ガラス、陶器などいくつかそろえておくと便利。また、「耐熱製の保存容器」があれば、余った料理を入れて保存でき、そのまま温め直すことも可能です。

鍋敷き

オーブン加熱で熱くなった耐熱容器や天板、鍋を調理台やテーブルに置くときに欠かせないのが「鍋敷き」。布製、木製、ワラで作られたものなど種類も豊富。磁石で鍋底にくっつくタイプも便利です。

クッキングシート＆
キッチンばさみ

Part2〜3のレシピに欠かせないのが「クッキングシート」。クッキングシートを天板や鍋のサイズに合わせてキッチンばさみで切ります。このひと手間が仕上がりの決め手になります。

ミトン

オーブンで加熱された容器や天板、鍋は高温になるので、取り出すときに欠かせないのが「ミトン」。鍋つかみとしての機能性はもちろん、おしゃれなものにこだわるのも楽しい。

Part

耐熱容器に
入れて焼くだけ。

毎日の食事作りは、面倒に感じることも多いものですが、
耐熱容器とオーブンがあれば、簡単に主役級のおかずが完成！
切った食材を耐熱容器に並べ、調味料をかけてあとは焼くだけ。
耐熱容器もいろいろと種類があり、そのまま食卓に出せるので、
大きさ違いや素材違いでそろえておくのがおすすめです。

天板

天板は、ガスオーブン用と電気オーブン用など、機種によって大きさが異なります。耐熱容器を2つ並べてのせられる大きさがあれば、2品献立のレシピにも対応できます。

陶器の皿

グラタン皿に代表される、陶器の皿。1人分のグラタン皿なら容量が300〜400ml、2人分なら400〜600mlのものを選びましょう。本書では800mlのものを使用。

ガラス容器

ガラスの耐熱容器は、オーブン調理も、電子レンジ調理も可能。中身が見えるので火の通り具合なども確認できます。ふたができるタイプなら、そのまま冷蔵庫で保存もOK。

ホーロー容器

保存容器として使われることが多いホーロー容器も、オーブン調理が可能。18×12×5.5cmのサイズで長方形のタイプは、2〜3人分のグラタンやオーブン料理におすすめ。

アルミ皿

アルミ製やステンレス製の耐熱容器もオーブン調理におすすめ。アルミ製は軽くて使いやすいので1つあると便利。形がかわいいタイプならテーブルも華やぎます。

2～3人分から作れて
ほったらかしでOK!
毎日がオーブン料理

忙しい毎日こそ、オーブンを使って、アツアツでおいしい
極上のおかずを作ってみませんか？　耐熱容器があれば
2～3人分から作れて、ほったらかしでOKなのが一番の魅力。
耐熱容器を2つ使えば、主菜と副菜が一気に完成します。

ＢＢＱチキン献立

鶏手羽中の下に敷いたバゲットにうまみがしみ込んで絶品です。
薄切りにしたかぼちゃとさつまいもは火が通りやすく、甘くておいしい！

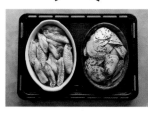

BEFORE

OVEN

180℃

30＋10min.

BBQチキンスペアリブ

材料（容量800㎖の耐熱容器使用
　　　／2〜3人分）

鶏手羽中…12本
塩…小さじ¼
粗びき黒こしょう…少々
バゲット…¼本（50ｇ）
オリーブオイル…大さじ½
A｜マーマレードジャム…大さじ2
　｜しょうゆ…大さじ1
　｜にんにく（すりおろし）…小さじ½

かぼちゃとさつまいものハニーレモン

材料（容量600㎖の耐熱容器使用
　　　／2〜3人分）

かぼちゃ…⅛個
さつまいも…小1本（200ｇ）
B｜はちみつ…大さじ2
　｜粒マスタード…大さじ2
　｜塩…小さじ½
　｜水…80㎖
オリーブオイル…小さじ1

作り方

1 準備する
鶏手羽中はキッチンペーパーで水けを拭き取り、塩、粗びき黒こしょうをまぶす。バゲットは2㎝幅に切り、オリーブオイルをかける。かぼちゃとさつまいもは皮つきのままスライサーなどでごく薄切りにする。それぞれの耐熱容器にオリーブオイル（分量外）を薄く塗る。

2 並べる
耐熱容器にバゲットを敷き詰め、鶏手羽中を並べ、よく混ぜ合わせたAをまんべんなくかける。もう1つの耐熱容器にかぼちゃとさつまいもを並べ、よく混ぜわせたBを回しかけ、こちらにはアルミホイルをぴったりとかぶせる。

3 焼く
180℃に予熱したオーブンで30分焼き、やけどに注意しながら「BBQチキンスペアリブ」の耐熱容器を先に取り出す。「かぼちゃとさつまいものハニーレモン」はさらに10分焼き、仕上げにオリーブオイルを回しかける。

巻き巻きチャーシュー献立

春菊の香りがあとをひく餃子と、薄切り肉で作るから中まで
しっかり味がしみたチャーシュー。晩酌のおつまみにもぴったり!

BEFORE

OVEN

180℃

30min.

WAIT

5min.

巻き巻きチャーシュー

材料(容量1000mlの耐熱容器使用
／2～3人分)

豚肩ロース薄切り肉…10枚
長ねぎ…1と½本
ごま油…小さじ1
A | 酒…大さじ1
　　しょうゆ・甜麺醤・砂糖・
　　　片栗粉…各小さじ2
　　豆板醤…小さじ1
　　にんにく(すりおろし)・
　　　しょうが(すりおろし)
　　　…各小さじ½

野菜の蒸し餃子

材料(容量900mlの耐熱容器使用
／2～3人分)

餃子の皮(大)…10枚
キャベツ(大きめの葉)…2枚
ポン酢しょうゆ…適量
B | はんぺん…1枚
　　春菊(1cm幅に切る)
　　　…½束分(80g)
　　長ねぎ(1cm幅に切る)
　　　…⅓本分(40g)
　　しょうが(すりおろし)…小さじ1
　　片栗粉…大さじ1
　　しょうゆ・ごま油…各小さじ1
　　粗びき黒こしょう…少々

作り方

1 準備する

混ぜ合わせた A をもみ込んだ豚肉2枚を1cmほど重ねて
並べ、手前からくるくると巻いて芯を作る(残った A の
タレはとっておく)。同様に豚肉2枚を1cmほど重ねて並
べ、最初に作った芯を手前におき、くるくると巻く。これ
をさらに3回繰り返し、1本のロール状にする。長ね
ぎは7cm長さに切る。ポリ袋に B を入れてよく混ぜ、餃
子の皮で包む。

2 並べる

耐熱容器に50mlの水を入れ、キャベツを敷き、1の餃
子を並べてアルミホイルをかぶせる。もう1つの耐熱容
器にごま油を塗り、長ねぎを敷き詰め、豚肉の巻き終わ
りを下にしてのせ、豚肉にもみ込んだ際に残ったタレを
回しかける。

3 焼く

180℃に予熱したオーブンで30分焼く。「巻き巻きチャー
シュー」は焼き上がったら下の残ったタレを絡ませて5
分おく。「野菜の蒸し餃子」にはポン酢しょうゆを添える。

ジャンバラヤ献立

ごはんものもオーブンで作れば、本当にラク！ 副菜の焼き野菜も
オーブンでじっくり加熱するから、素材の甘みが引き出されます。

BEFORE

OVEN

180℃

- - - - - - - -

25min.

⌄

WAIT

10min.

ジャンバラヤ

**材料（容量1000mlの耐熱容器使用
／2～3人分）**

米…1.5合
ウインナーソーセージ…5本
玉ねぎ…¼個
パプリカ（赤）…½個
エリンギ…1本
A｜ 中濃ソース…大さじ2
　｜ カレー粉…小さじ1
　｜ 塩…小さじ¼
　｜ 粗びき黒こしょう…少々
　｜ 水…300ml
オリーブオイル…大さじ½

トッピング
パセリ（みじん切り）…適量

焼き野菜

**材料（容量1000mlの耐熱容器使用
／2～3人分）**

れんこん…⅔節（150g）
ごぼう…⅓本（100g）
さやいんげん…10本
厚切りベーコン…1枚（80g）
塩…小さじ¼
粗びき黒こしょう…少々
オリーブオイル…大さじ1

作り方

1　準備する
米は洗ってザルにあげる。ソーセージは斜め薄切りにし、
玉ねぎとパプリカは1cm角に切る。エリンギは長さを半分
に切り、縦4～6等分に切る。れんこんとごぼうは食べや
すい大きさの乱切りにし、水にさらしてアクを抜き、水け
を拭き取る。さやいんげんはヘタを切り落とし、ベーコン
は2cm幅に切る。ボウルにれんこん、ごぼう、さやいんげ
んを入れ、オリーブオイル小さじ2、塩を加えて和える。

2　並べる
耐熱容器にオリーブオイル大さじ½を塗り、米、玉ねぎ、
パプリカ、エリンギ、ソーセージの順にのせ、よく混ぜ合
わせたAを回しかける。もう1つの耐熱容器にれんこん、
ごぼう、さやいんげんを入れ、ベーコンをまんべんなくの
せる。

3　焼く
180℃に予熱したオーブンで25分焼き、そのまま10分おく。
仕上げに「ジャンバラヤ」にはパセリを散らし、「焼き野菜」
には粗びき黒こしょうをふり、オリーブオイル小さじ1を
回しかける。

サーモンとレモンのクリームパスタ献立

生クリームの濃厚さに、レモンのさわやかさがよく合う一品。
ディルの代わりに、せん切りにしたセロリの葉を散らすのもおすすめです。

BEFORE

≡ OVEN ≡
180℃
15 + 15 min.

サーモンとレモンの
クリームパスタ

材料（容量1200mlの耐熱容器使用
／2～3人分）

サーモン（切り身）
　…2切れ（200g）
粗びき黒こしょう…少々
小麦粉…小さじ2
セロリ…1本
ショートパスタ（フジッリなど）
　…120g
ローリエ…1枚
レモン（5mm幅のスライス）…2枚
A｜生クリーム…200ml
　｜にんにく（すりおろし）
　｜　…小さじ1
　｜塩…小さじ½
　｜粗びき黒こしょう…適量

トッピング
ディルの葉（あれば）…2本

ブロッコリーとカリフラワーの
ペペロンチーノ

材料（容量900mlの耐熱容器使用
／2～3人分）

ブロッコリー…½個
カリフラワー…¼個
にんにく…1かけ
B｜赤唐辛子（輪切り）…½本分
　｜塩…小さじ¼
　｜粗びき黒こしょう…少々
オリーブオイル…大さじ1

作り方

1 **準備する**
サーモンはキッチンペーパーで水けを拭き取り、粗びき黒こしょう、小麦粉の順にまぶす。セロリは斜め薄切りにする。ブロッコリーとカリフラワーは食べやすい大きさの小房に分け、にんにくは芽があったら取り除き、薄切りにする。

2 **並べる**
耐熱容器にショートパスタ、半量のセロリ、サーモン、ローリエ、残りのセロリを重ねて並べる。レモンをのせ、混ぜ合わせたA、ショートパスタがかぶるくらいの水（200～250ml）を加える。もう1つの耐熱容器にブロッコリー、カリフラワー、にんにく、B、オリーブオイル小さじ2を入れて混ぜ合わせる。

3 **焼く**
180℃に予熱したオーブンで15分焼く。やけどに注意しながら「ブロッコリーとカリフラワーのペペロンチーノ」の耐熱容器を先に取り出し、オリーブオイル小さじ1を回しかけ、混ぜ合わせる。「サーモンとレモンのクリームパスタ」はさらに15分焼く。焼き上がったら全体を大きく混ぜ、仕上げに手でちぎったディルを散らす。

食べたらメンチカツ

食べてみてビックリ！ 食べ応え満点の揚げないメンチカツです。
揚げずにオーブンで焼くだけだから、ヘルシーなのもうれしいポイントです。

≡ OVEN ≡

180℃

- - - - - - - - - -

30min.

材料（容量900mlの耐熱容器使用 ／2〜3人分）

- **A** 合いびき肉…200g
  - 玉ねぎ（せん切り）
    - …½個分
  - キャベツ（大きめの葉
    - ／せん切り）
    - …2枚分
  - パン粉…½カップ
  - 卵…1個
  - 中濃ソース…大さじ2
- **B** パン粉…¾カップ
  - オリーブオイル
    - …大さじ1と½
  - パセリ（乾燥）…小さじ1
- オリーブオイル…少々

トッピング

中濃ソース…適量

作り方

1 準備する
ボウルに **A** を入れ、よくこねる。

2 並べる
耐熱容器にオリーブオイルを薄く塗り、**1** を敷き詰め、よく混ぜ合わせた **B** をまんべんなくのせる。

3 焼く
180℃に予熱したオーブンで30分焼く。仕上げにソースを添える。

POINT!

肉ダネの味つけは薄めに

アツアツのメンチカツにソースをかけて食べることを想定して、肉ダネの味つけは少し控えめにしてあります。ソースがしみ込んだ衣はどこか昔懐かしい味わいに。

ゴロッとガパオ風

ジューシーな鶏もも肉に、こんがりとついた焼き目が香ばしい！
ごはんの上にのせて、ガパオライスにしても食べ応え抜群です。

=== OVEN ===

180℃

- - - - - - - -

20min.

**材料（容量1200mℓの耐熱容器使用
／2〜3人分）**

鶏もも肉…1枚（約300ｇ）
パプリカ（赤）…1個
玉ねぎ…½個
塩…小さじ¼
粗びき黒こしょう・小麦粉
　…各少々
A｜オイスターソース
　　　…小さじ2
　　　ナンプラー・砂糖・
　　　バジル（乾燥）
　　　…各小さじ1
　　　赤唐辛子（輪切り）
　　　…½本分
オリーブオイル…少々

トッピング

バジル…適量（あれば）

作り方

1 準備する
鶏肉はキッチンペーパーで水けを拭き取り、厚さ
を均一にするように開き、余分な脂を取り除く。
10等分に切り、塩、粗びき黒こしょうをふり、小
麦粉をまぶし、混ぜ合わせた **A** で和える。パプリ
カと玉ねぎは食べやすい大きさの乱切りにする。

2 並べる
耐熱容器にオリーブオイルを薄く塗り、パプリカ、
玉ねぎを敷き詰め、鶏肉を皮目を上にしてのせ、
残った **A** のタレをかける。

3 焼く
180℃に予熱したオーブンで20分焼く。焼き上が
ったらひと混ぜして、バジルを散らす。

POINT!

大きめの乱切りでOK

材料をゴロッと大きめに切るので、食べ応
えがあり、野菜の甘みも感じられます。切
るのがラクなうえ、加熱はオーブンにおま
かせなのもうれしいポイントです。

チーズタッカルビ

韓国料理の定番メニューをオーブンで。オーブン調理ならではの鶏肉の
ジューシーさを堪能できる一品です。ガツンとした辛さでごはんが進みます。

===≡ OVEN ≡===

180℃

- - - - - - - - - -

20min.

材料（容量1000mℓの耐熱容器使用 ／2〜3人分）

鶏もも肉…1枚（約300g）
小麦粉…大さじ1
A ┌ コチュジャン・
　　　マヨネーズ・はちみつ
　　　…各大さじ1
　　　みそ・ごま油
　　　…各大さじ½
　　　にんにく（すりおろし）
　　└　…小さじ1
ズッキーニ…1本
玉ねぎ…½個
ピザ用チーズ…80g
ごま油…少々

作り方

1 準備する
鶏肉はキッチンペーパーで水けを拭き取り、厚さ
が均一になるように開き、余分な脂を取り除く。
10等分に切り、小麦粉をまぶし、混ぜ合わせた**A**
で和える。ズッキーニは縦4等分、長さ4等分に
切り、玉ねぎは1cm幅のくし形切りにする。

2 並べる
耐熱容器にごま油を薄く塗り、ズッキーニと玉ね
ぎを敷き、鶏肉を皮目を上にしてのせる。残った
Aのタレを回しかけ、ピザ用チーズを全体にのせ
る。

3 焼く
180℃に予熱したオーブンで20分焼く。

POINT!

食材を代えて楽しむ

ズッキーニの代わりにパプリカを使うのも
おすすめです。韓国の定番料理タッカルビ
は、味がしっかりめなので、献立にすると
きは、さっぱりとした和え物やサラダを合
わせると◎。

たらのブイヤベース風

素材の味を生かしたやさしい味わいの一品です。
下にじゃがいもを敷き詰めているので、満腹感もバッチリです。

≡ OVEN ≡

200℃

30 - 40min.

材料（容量1200mℓの耐熱容器使用
　　／2〜3人分）

生たら（切り身）… 2 切れ
粗びき黒こしょう…適量
じゃがいも… 2 個
セロリ…½本
トマト… 1 個
ローリエ… 1 枚
A ｜ 酒…50mℓ
　｜ 水…80mℓ
　｜ オリーブオイル…小さじ 1
　｜ 塩…小さじ½
オリーブオイル…適量

作り方

1 **準備する**
たらはキッチンペーパーで水けを拭き取り、粗びき黒こしょう少々をふる。じゃがいもはスライサーなどでごく薄い輪切りにする。セロリは筋を取って茎を斜め薄切りにし、葉はせん切りにする。トマトは食べやすい大きさの乱切りにする。

2 **並べる**
耐熱容器にオリーブオイルを薄く塗り、じゃがいも、たら、セロリの茎、ローリエ、トマトの順に並べ、よく混ぜ合わせた **A** を回しかける。

3 **焼く**
200℃に予熱したオーブンで30〜40分焼く。じゃがいもに竹串がスッと入ったら、仕上げに粗びき黒こしょう少々をふり、オリーブオイル適量を回しかけ、セロリの葉を添える。

POINT!

彩りよく食材を並べる

オーブン料理は途中で混ぜることがほとんどないので、焼く前に並べた通りに仕上がります。焼きムラをなくすためにも、バランスよく並べましょう。

えびときのこのオイル焼き

えびときのこのうまみがたっぷりで、ホームパーティーでも歓声が上がること
間違いなし！　一緒にこんがりと焼いたバゲットにのせて召し上がれ！

≡ OVEN ≡

200℃

15＋5min.

材料（容量1000mℓの耐熱容器使用
　／2～3人分）

えび（殻つき）
　…10尾（200～250g）
バゲット（1cm厚さに切る）
　…½本分（100g）
しめじ・エリンギ
　…各1パック
にんにく…2かけ
赤唐辛子（輪切り）…1本分
ローリエ…1枚
塩…小さじ½
粗びき黒こしょう…少々
オリーブオイル…100mℓ

作り方

1　準備する
えびは背わたを取り除き、片栗粉（分量外）でもみ
洗いし、キッチンペーパーで水けを拭き取る。し
めじは石づきを切り落とし、大きめに房を分け、
エリンギは長さを半分に切り、縦4等分に切る。
にんにくは芽があったら取り除き、叩いてつぶす。

2　並べる
耐熱容器に1、赤唐辛子、ローリエを入れ、オリ
ーブオイルを注ぎ入れる。天板にクッキングシー
トを敷き、耐熱容器をのせ、両脇にバゲットを並
べる。

3　焼く
200℃に予熱したオーブンで15分焼き、やけどに
注意しながらバゲットを取り出す。さらに5分焼
き、仕上げに塩、粗びき黒こしょうを加えて混ぜ
る。

POINT!

バゲットを一緒に焼く

バゲットも一緒に焼くことで、同時にアツ
アツを食べられます。焼いている途中でバ
ゲットを入れると危ないので、必ず最初か
ら一緒に並べて、でき上がりの5分前に取
り出すようにしましょう。

白菜と豚バラの
焼きミルフィーユ蒸し

削り節のうまみがじんわりと広がるので、シンプルな味つけが◎。
寒い冬に食べたくなる、白菜と豚バラ肉の組み合わせです。

**材料（容量1400mlの耐熱ボウル
　　使用／2〜3人分）**

白菜…⅛個（300g）
片栗粉…大さじ1
豚バラ薄切り肉…200g
削り節…3g
塩・こしょう…各適量
酒…50ml
ごま油…少々

作り方

1 準備する
白菜は長さを半分に切り、縦7mm幅の細切りにし、
片栗粉をまぶす。豚肉は半分に切る。

2 並べる
耐熱ボウルにごま油を薄く塗り、白菜を⅓量敷き
詰め、豚肉⅓量、塩、こしょう各少々、削り節⅓
量を順に入れる。同様に2回繰り返して重ね、酒
を回しかけ、アルミホイルをかぶせる。

3 焼く
180℃に予熱したオーブンで30分加熱する。

POINT!

鍋風に味変しても絶品！

冬の定番の鍋にも欠かせない白菜。シンプ
ルな味つけで、白菜の甘みを堪能したら、
ポン酢しょうゆやゆずこしょうを添えて、
味に変化をつけても楽しめます。

白身魚の豆豉蒸し

（トウチ）

ふっくらと焼き上げた白身魚と、シャキシャキ食感の豆苗が絶品。
豆豉醤を使って手軽に深いうまみと香りを楽しんで。

材料（容量1200mℓの耐熱容器使用／2〜3人分）

白身魚（切り身／生たらなど）
　… 2 切れ
A｜酒…大さじ 2
　｜豆豉醤…大さじ 1
　｜片栗粉…大さじ½
　｜しょうが（すりおろし）・
　｜　ごま油…各小さじ 1
豆苗… 1 パック
ごま油…少々

作り方

1　準備する
白身魚は 3 等分に切り、混ぜ合わせた **A** を塗る。
豆苗は根を切り落とし、長さを 3 等分に切る。

2　並べる
耐熱容器にごま油を薄く塗り、豆苗を敷いて、白
身魚を重ならないように並べる。残った **A** のタレ
を回しかけ、アルミホイルをかぶせる。

3　焼く
180℃に予熱したオーブンで20分加熱する。焼き
上がったら全体を大きく混ぜる。

POINT!

アルミホイルを忘れずに！

アルミホイルをかぶせないと、豆苗の水分
がとんでパサパサになってしまうので、必
ず忘れずに。蒸し焼きにすることで、白身
魚もふっくらと仕上がります。

牛肉と白菜の中華風煮込み

スープにうまみが溶け込んで美味。
喉越しのよい春雨でツルツルと食べられます。

⎓⎓⎓ OVEN ⎓⎓⎓

180℃

- - - - - - - -

30min.

材料（容量1400mℓの耐熱ボウル
　使用／2〜3人分）

牛切り落とし肉…200g
塩…小さじ⅓
こしょう…少々
片栗粉…大さじ½
白菜…⅛個
干ししいたけ（スライス）…5g
春雨（乾燥）…40g
A 酒…50mℓ
　　 しょうゆ…大さじ2
　　 にんにく（すりおろし）
　　　…小さじ1
ごま油…大さじ½

トッピング
小ねぎ（斜め薄切り）…5本分

作り方

1 準備する
牛肉は塩、こしょう、片栗粉を順にまぶす。白菜
は長さを3等分に切り、繊維に沿って5mm幅のせ
ん切りにする。干ししいたけは400mℓの水で戻す。
戻し汁はとっておく。

2 並べる
耐熱容器に半量の白菜、春雨、牛肉、戻したしい
たけ、残りの白菜の順に入れ、**A**と干ししいたけ
の戻し汁を回しかけ、アルミホイルをぴったりと
かぶせる。

3 焼く
180℃に予熱したオーブンで30分加熱する。仕上
げにごま油を回しかけてひと混ぜし、小ねぎをの
せる。

POINT!

白菜でほかの材料を挟む

耐熱容器に材料を入れる順番も意識して。
水分を多く含む白菜で、牛肉やしいたけを
挟むことで、うまみをギュッと閉じ込め、
また白菜から出るうまみもほかの食材にし
み込みます。

さばと長いもの韓国風煮込み

ワイルドに筒切りにしたさばが、インパクトのある仕上がり。
たっぷりの長ねぎがカリッと焼き上がり、韓国風ダレとよく合います。

OVEN

180℃

25 - 30min.

材料（容量1000mℓの耐熱容器使用／2〜3人分）

さば…1尾（300g）
長いも…1本（200g）
長ねぎ…1本
A｜みりん…大さじ3
　｜酒…大さじ2
　｜コチュジャン・しょうゆ
　｜　…各大さじ1
　｜にんにく（すりおろし）・
　｜しょうが（すりおろし）
　｜　…各小さじ1
ごま油…少々

作り方

1 準備する

さばは頭と尾を切り落として内臓を取り除き、6等分の筒切りにして、キッチンペーパーで水けを抑える。長いもは1.5cm幅の輪切りにし、長ねぎは斜め薄切りにする。ボウルにさばと長いもを入れ、混ぜ合わせたAを加えて和える。

2 並べる

耐熱容器にごま油を薄く塗り、さばと長いもを並べ、覆うように長ねぎをのせ、ボウルに残ったAのタレを回しかける。

3 焼く

180℃に予熱したオーブンで25〜30分加熱する。

POINT!

長いもはなるべく同じ大きさに切る

長いもは大きければ食べやすいサイズに切りましょう。太い部分の輪切りは半月切りに。加熱ムラを防ぐためにも、大きさをそろえるのがコツです。

野菜とチーズのオープンオムレツ

ふっくらとしたオムレツにたっぷりの具材がゴロゴロと入った大満足の一品。
食べるとチーズのコクが口の中全体に広がって美味。

OVEN

170℃

30 - 40 min.

WAIT

10 min.

材料（容量800mℓの耐熱容器使用／2〜3人分）

ズッキーニ…½本
パプリカ（赤）…½個
長ねぎ…¼本
ベーコン（薄切り）…2枚
ピザ用チーズ…50g
小麦粉…大さじ½
A | 卵…5個
　 | 塩…小さじ½
　 | 粗びき黒こしょう…少々
オリーブオイル…少々

ソース
トマトケチャップ
　…大さじ3
中濃ソース…大さじ1
にんにく（すりおろし）
　…小さじ½

作り方

1 準備する
ズッキーニとパプリカは1cm角、長ねぎは1cm幅に切り、小麦粉をまぶす。ベーコンは1cm幅に切る。

2 並べる
耐熱容器にオリーブオイルを薄く塗り、よく混ぜ合わせたAを流し入れ、1を彩りよく並べ、ピザ用チーズを散らす。

3 焼く
170℃に予熱したオーブンで30〜40分焼き、そのまま10分おく。小さい耐熱容器にソースの材料を入れてよく混ぜ、ラップをしないで電子レンジで40秒加熱し、オムレツに添える。

POINT!

焼き上がってから少し休ませると◎

オーブン料理は、高温でじっくりと中まで火を通すので、取り出してからも内側からの余熱で卵の固まり方が変わってきます。少し休ませてあげることで、取り分けやすくなります。

あんかけ小田巻き蒸し

うどんが入っているので、大満足の一品に！
仕上げにあんをかけるので失敗知らず。

**材料（容量1400mℓの耐熱ボウル
　　使用／2〜3人分）**

かに風味かまぼこ…80g
しいたけ…3枚
三つ葉…½束
ゆでうどん…1玉
わかめ（乾燥）…2g
A ｜ 卵…2個
　　和風だし…350mℓ
　　酒（煮切り）…大さじ2
　　しょうゆ…小さじ1
　　塩…小さじ¼
B ｜ 和風だし…100mℓ
　　みりん…大さじ2
　　しょうゆ…小さじ½
　　片栗粉…小さじ⅔
　　塩…小さじ¼

作り方

1 準備する
かに風味かまぼこは大きめにほぐし、しいたけは
軸を切り落として薄切りにする。三つ葉は3cm幅
に切る。うどんはさっとお湯で洗い、ざっくりと
半分に切る。

2 並べる
耐熱容器にうどんを入れ、かに風味かまぼこ、し
いたけ、三つ葉、わかめを並べ、よく混ぜ合わせ
たAを漉しながら流し入れる。

3 焼く
170℃に予熱したオーブンで30〜40分加熱し、そ
のまま10分おく。蒸し上がる直前に、小鍋にB
を入れてよく混ぜ合わせ、混ぜながらとろみがつ
くまで加熱し、あんを作る。仕上げにあんをかけ
る。

POINT!

うどんはさっと洗うだけ

うどんは、だし汁などと一緒にオーブンで
加熱するので、その間にしっかりとゆでら
れた状態になります。だから下準備はほぐ
す程度に洗うだけでOK。具沢山の小田巻
き蒸しを楽しんで。

ツナときのこのキッシュ風

パリパリに焼いたパイに、トロトロのキッシュ風フィリングをのせて。
パイシートは焼いている途中で膨らまないように、耐熱容器の下に敷きます。

OVEN

180℃

- - - - - - - - - -

20min.

⬇

WAIT

10min.

材料（容量600㎖の耐熱容器使用
　／2～3人分）

ツナ缶（オイル漬け／チャンク
　タイプ）… 1 缶（70g）
しめじ… 1 パック
玉ねぎ… ¼個
ピザ用チーズ… 30g
パイシート（冷凍）… 1 枚
A ┃ 卵… 1 個
　　 生クリーム・牛乳
　　　 …各100㎖
　　 塩… 小さじ⅓
　　 粗びき黒こしょう
　　　 …少々
バター… 少々

トッピング
パセリ（粗みじん切り）… 適量

作り方

1　準備する
しめじは石づきを切り落として細かくほぐし、玉
ねぎはごく薄切りにする。パイシートは 8 等分に
切る。

2　並べる
耐熱容器にバターを薄く塗り、しめじ、玉ねぎ、
油をきったツナ、ピザ用チーズを入れ、よく混ぜ
合わせた **A** を回しかける。パイシートはクッキン
グシートを敷いた耐熱性のバットなどに並べてク
ッキングシートをかぶせ、耐熱容器をのせて一緒
に焼く。

3　焼く
180℃に予熱したオーブンで20分焼き、そのまま
10分おく。パイシートの焼き色が足りない場合は、
オーブンの温度を200℃に上げて、パイシートだ
けを焼き色がつくまで焼く。仕上げにパセリを散
らし、パイの上にフィリングをのせていただく。

POINT!

パイシートの上に
耐熱容器をのせて焼く

キッシュの耐熱容器を重しにしてパイシー
トを一緒に焼きましょう。オーブンは庫内
で熱風が循環するので、耐熱容器を重ねて
も下に敷いたパイシートまでしっかり加熱
ができて、膨らまずに焼けます。

深い容器でじっくりコトコト、スープレシピ

下ごしらえした材料を耐熱容器に入れて、
オーブンで加熱するだけで、
時間をかけて煮込んだような、
おいしいスープのでき上がり。
体がぽかぽか温まります。

材料（3〜4人分）
炒め玉ねぎ（市販）…1袋(150g)
バゲット（スライス）…6枚
ピザ用チーズ（細め）
　…大さじ3
A｜固形ブイヨン…1個
　｜熱湯…500mℓ
塩・粗びき黒こしょう…各適量

トッピング
パセリ（みじん切り）…適量

作り方

1 耐熱容器に炒め玉ねぎ、Aを
入れて混ぜ、バゲットを並べ
て入れ、ピザ用チーズをかけ
る。

2 200℃に予熱したオーブンで
20〜25分加熱する。塩、粗
びき黒こしょうで味をととの
え、仕上げにパセリを散らす。

```
≡≡≡ OVEN ≡≡≡
200℃
‑‑‑‑‑‑‑‑‑‑
20‑25min.
```

炒め玉ねぎの甘みが際立つスープ

オニオングラタンスープ

━━ OVEN ━━

180℃

40 - 50 min.

肉を詰めた玉ねぎに
うまみがしみ込みます

丸ごと玉ねぎの
肉詰めスープ

材料（4人分）
豚バラ薄切り肉…100g
玉ねぎ…小2個
しょうが…1かけ
A | 片栗粉…大さじ½
　 | しょうゆ…小さじ1
　 | 塩・粗びき黒こしょう
　 | 　…各適量
酒…100mℓ
熱湯…600〜700mℓ
塩…適量

作り方

1　豚肉は5mm幅に切る。玉ねぎ
　は横半分に切り、外側の3層
　ほどを残してくり抜き、抜い
　た玉ねぎは粗みじん切りにす
　る。しょうがはみじん切りに
　する。

2　ボウルに豚肉、玉ねぎの粗み
　じん切り、しょうが、A を入
　れて混ぜ、くり抜いた玉ねぎ
　に詰める。

3　耐熱容器に2、酒、熱湯、塩
　を入れてふたをし、180℃に
　予熱したオーブンで40〜50
　分加熱する。

材料（3〜4人分）
ベーコン（厚切り）…80g
トマト…1個
にんじん…½本
キャベツ（大きめの葉）…1枚
玉ねぎ…¼個
セロリ…½本
じゃがいも…1個
押し麦…大さじ2
A｜塩…小さじ½
　｜熱湯…600〜700mℓ
塩・粗びき黒こしょう
　…各適量

作り方

1 ベーコンは5mm幅に切る。野菜はすべて1cm角に切る。

2 耐熱容器に1、A、押し麦を入れてふたをし、180℃に予熱したオーブンで20〜30分加熱する。仕上げに塩、粗びき黒こしょうで味をととのえる。

=== OVEN ===

180℃

20・30min.

野菜、ベーコン、押し麦が入って満足感のあるスープです

焼きミネストローネ

淡白な冬瓜に塩味がやさしいスープです

冬瓜と鶏手羽中のスープ

材料（3〜4人分）
鶏手羽中…6本
冬瓜…⅛個（400g）
長ねぎ…1本
しょうが（薄切り）…2枚
A｜塩…小さじ½
　｜酒…100㎖
　｜熱湯…600〜700㎖
塩・粗びき黒こしょう
　…各適量

作り方

1 鶏肉はキッチンペーパーで包み、余分な水けを拭き、塩小さじ¼、粗びき黒こしょう少々をしっかりなじませる。冬瓜は皮を薄くむき、2㎝角に切り、長ねぎは2㎝幅に切る。

2 耐熱容器に1、しょうが、Aを入れてふたをし、180℃に予熱したオーブンで30分加熱し、塩、粗びき黒こしょうで味をととのえる。

包んでおいしい
スチーム焼きレシピ

クッキングシートを長めに切り、2つ折りにして材料を
包むだけで、蒸し料理が簡単に楽しめます。食材のうま
みを閉じ込めて、ふっくらおいしい仕上がりに。

===== OVEN =====

180℃

30min.

白身魚を1尾使ってぜいたくに。
なければ切り身魚にしても

アクアパッツァ

BEFORE

材料（天板1枚分／4〜6人分）
白身魚…1尾
あさり…150g
ミニトマト…14個
グリーンオリーブ…20個
セロリ…1本
玉ねぎ…1/2個
にんにく…2かけ
レモン（ノーワックス）…1個
ローズマリー・タイム…各適量
イタリアンパセリ…適量
白ワイン（または酒）…50㎖
塩・粗びき黒こしょう…各適量
オリーブオイル…大さじ2

作り方

1 準備する
白身魚はうろこと内臓を取り除
き、キッチンペーパーで包んで
余分な水けを拭き、腹にローズ
マリー、タイムを詰める。あさ
りは砂抜きする。セロリ、玉ね
ぎ、にんにくは薄切りにし、レ
モンは半分に切る。

2 並べる
天板の2倍くらいの長さに切っ
たクッキングシートを天板に敷
き、クッキングシートの半面に
玉ねぎ、セロリを広げ、白身魚、
あさり、ミニトマト、オリーブ、
にんにく、レモン、ローズマリ
ー、タイムを彩りよくのせる。
塩、粗びき黒こしょう、白ワイ
ン、オリーブオイル大さじ1を
かける。

3 包んで焼く
クッキングシートを上から包む
ようにたたんで周りをホチキス
で留め、180℃に予熱したオー
ブンで30分焼く。仕上げにイ
タリアンパセリをのせ、残りの
オリーブオイルをかける。

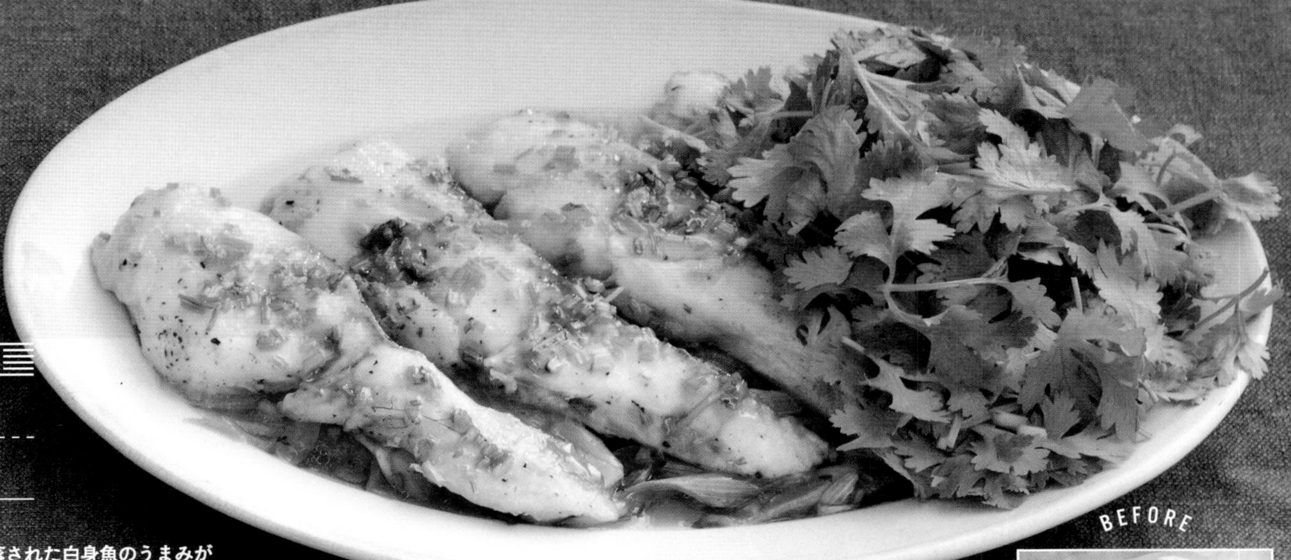

OVEN

180℃

20min.

ふっくら蒸された白身魚のうまみが
口の中でやさしく広がります

白身魚の香草蒸し

材料（天板１枚分／４〜６人分）

白身魚（切り身）…４切れ
長ねぎ…２本
パクチー…３株
紹興酒（または酒）…大さじ２
塩…小さじ½
粗びき黒こしょう…少々
片栗粉…適量
しょうゆ…大さじ１
ごま油…大さじ２

BEFORE

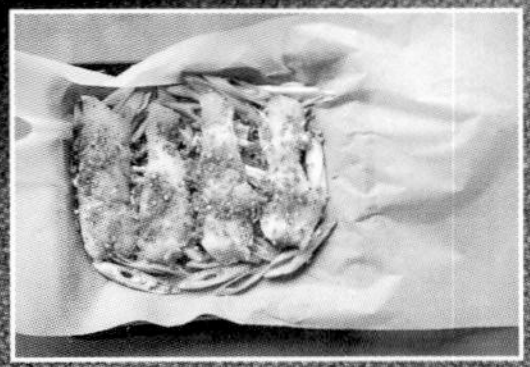

作り方

1 **準備する**
白身魚はキッチンペーパーで包み、余分な水けを拭き、塩、粗びき黒こしょう、片栗粉をまぶす。長ねぎは斜め薄切りにし、パクチーは葉を摘み、茎は細かく切る。

2 **並べる**
天板の２倍くらいの長さに切ったクッキングシートを天板に敷き、クッキングシートの半面に長ねぎを広げ、白身魚をのせる。紹興酒を回しかけ、パクチーの茎を散らす。

3 **包んで焼く**
クッキングシートを上から包むようにたたんで周りをホチキスで留め、180℃に予熱したオーブンで20分焼く。仕上げにしょうゆ、熱したごま油を順に回しかけ、パクチーの葉を添える。

OVEN

180℃

40min.

BEFORE

カレー味の鶏肉に、甘いかぼちゃを組み合わせて

鶏もも肉と野菜のエスニック蒸し

材料（天板1枚分／4～6人分）
鶏もも肉…2枚（約600g）
かぼちゃ…⅛個
紫玉ねぎ…½個
ひよこ豆…100g
生クリーム…100㎖
カレー粉…大さじ1
塩・粗びき黒こしょう…各適量

作り方

1 準備する
鶏肉はキッチンペーパーで包み、余分な水けを取る。厚さが均一になるように開き、3等分に切ってカレー粉、塩、粗びき黒こしょうをふってなじませ、生クリームを絡める。かぼちゃは7mm幅に切り、紫玉ねぎは薄切りにする。

2 並べる
天板の2倍くらいの長さに切ったクッキングシートを天板に敷き、クッキングシートの半面にかぼちゃ、ひよこ豆、皮目を上にした鶏肉、紫玉ねぎの順にのせる。

3 包んで焼く
クッキングシートを上から包むようにたたんで周りをホチキスで留め、180℃に予熱したオーブンで40分焼く。

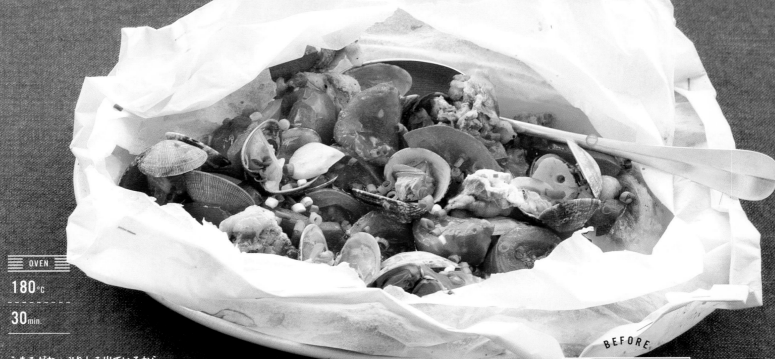

BEFORE

OVEN

180°C

30min.

うまみがたっぷりしみ出ているから
蒸し汁も残さずいただけます

豚バラとあさりのトマト蒸し

材料（天板1枚分／4〜6人分）
豚バラ薄切り肉…300g
あさり…150g
トマト…小3個
にんにく…2かけ
白ワイン…50mℓ
塩・粗びき黒こしょう…各適量
バター…15g

トッピング
小ねぎ（小口切り）…5本分

作り方

1 準備する
豚肉は5cm幅に切り、白ワイン
大さじ2（分量外）、塩、粗びき
黒こしょうで下味をつける。あ
さりは砂抜きする。トマトは乱
切りにし、にんにくは薄切りに
する。

2 並べる
天板の2倍くらいの長さに切っ
たクッキングシートを天板に敷
き、クッキングシートの半面に
1をのせ、白ワインを回しかけ
る。塩、粗びき黒こしょうをふ
り、小さく切ったバターをバラ
ンスよくのせる。

3 包んで焼く
クッキングシートを上から包む
ようにたたんで周りをホチキス
で留め、180℃に予熱したオー
ブンで30分焼く。仕上げに小
ねぎを散らす。

Part

2

天板1枚あるだけで。

準備が大変そうだから、オーブン料理は無理…と諦めていませんか？
天板1枚あれば、クッキングシートを敷くだけで、耐熱容器代わりに
なるから手軽です。こんがり焼き上げるローストやグラタンなど、
ダイナミックなおもてなし料理を作るのに最適です。
ピッツァやフォカッチャを焼いたり、お菓子の型の代わりにも使えます。

ガスオーブン用
天板

320mm × 280mm

PART2のレシピで使う天板
はこのタイプを使用していま
す。また、材料の分量はこの
外寸サイズの天板1枚にのる
量を基準にしています。

電気オーブン用
天板

407mm × 303mm

電気オーブンの天板は、この
外寸サイズが主流です。ガス
オーブンより少し大きめなの
で、分量は1.5倍ぐらいを目
安にするといいでしょう。

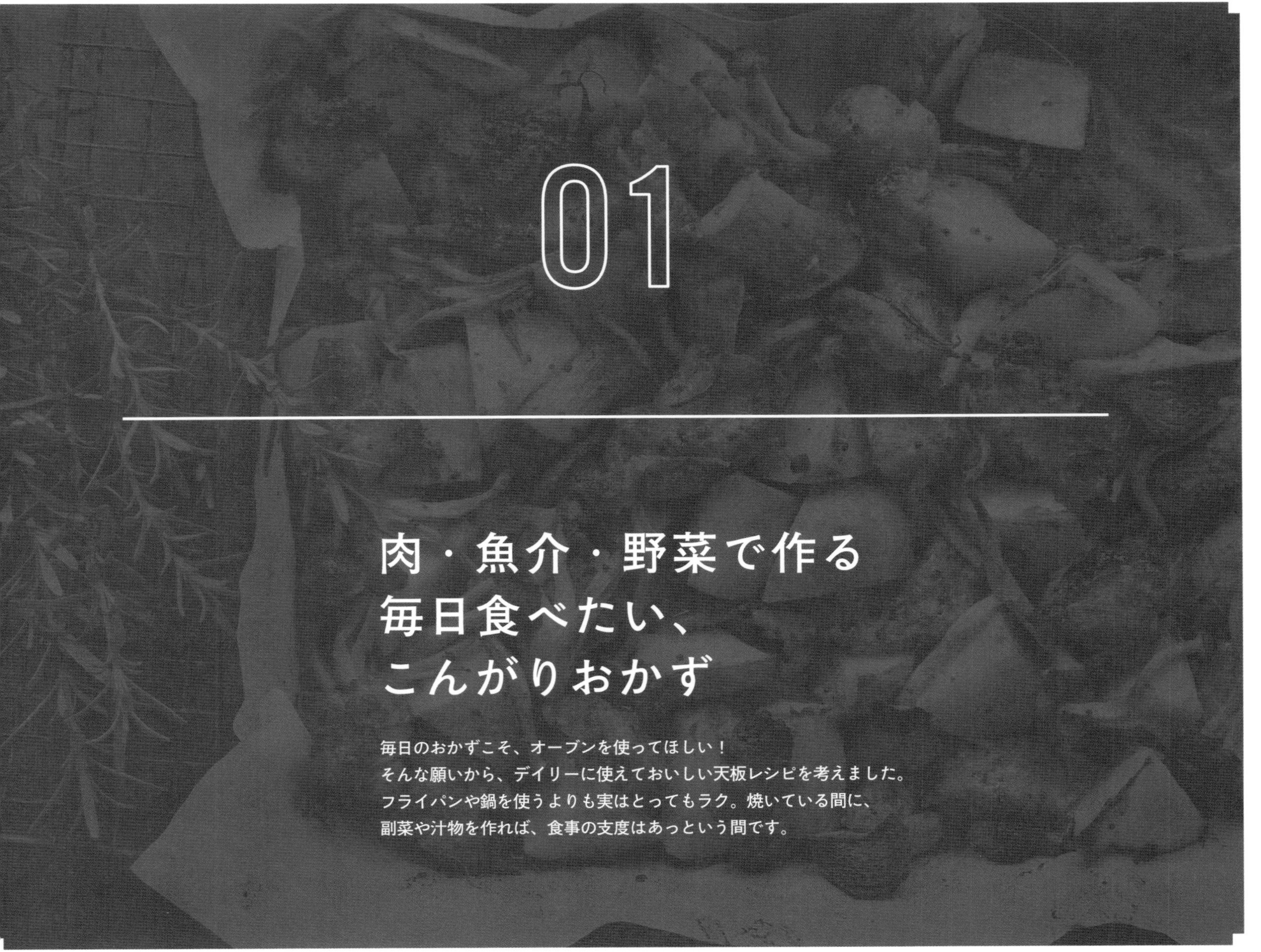

01

肉・魚介・野菜で作る
毎日食べたい、
こんがりおかず

毎日のおかずこそ、オーブンを使ってほしい！
そんな願いから、デイリーに使えておいしい天板レシピを考えました。
フライパンや鍋を使うよりも実はとってもラク。焼いている間に、
副菜や汁物を作れば、食事の支度はあっという間です。

鶏もも肉とトマトのロースト

こんがり焼き色がついた鶏肉とトマトのジューシーさが際立つ一品です。
バジルの葉を散らして彩りよく仕上げれば、食卓が一気に華やかに。

≡≡≡ OVEN ≡≡≡

180℃

30 - 35min.

材料（天板1枚分／4〜6人分）

鶏もも肉…3枚（約900g）
ミニトマト…10〜12個
セロリ…1本
塩・粗びき黒こしょう…各適量
A｜オリーブオイル
　　…大さじ3
　｜バルサミコ酢…大さじ3
　｜はちみつ…大さじ1
　｜塩・こしょう…各適量
　｜バジルの茎（みじん切り）
　　｜…½パック分

トッピング

バジルの葉…½パック分

作り方

1　切る
鶏肉はキッチンペーパーで包んで水けを取る。厚さが均一になるように開き、ひと口大に切り、塩、粗びき黒こしょうをしっかりふる。セロリは薄切りにする。

2　並べる
ボウルに1、ミニトマト、Aを入れてよく混ぜ、クッキングシートを敷いた天板に鶏肉を皮目を上にして重ならないように並べ、残りの具材も並べる。

3　焼く
180℃に予熱したオーブンで30〜35分焼く。仕上げにバジルの葉を散らす。

POINT!

**鶏肉が重ならないように
並べる**

天板に鶏肉を重ならないように並べたら、その隙間にミニトマトとセロリをおいていきます。鶏肉は皮目を上にして焼くと、皮がこんがり焼き上がっておいしいです。

鶏手羽中とれんこん、ごぼうのロースト

甘じょっぱいタレが鶏手羽によく絡んで、おかずにもおつまみにもおすすめ。
ごまをかけた和風な一品。根菜の歯応えも楽しめます。

材料（天板1枚分／4～6人分）

鶏手羽中…500g
れんこん…300g
ごぼう（太め）…1本
A ┌ ごま油…大さじ3
　│ しょうゆ…大さじ3
　│ 酒・みりん…各大さじ2
　│ にんにく（すりおろし）
　└ 　…2かけ分

トッピング

白いりごま…適量

作り方

1 切る
鶏肉はキッチンペーパーで包んで水けを取る。れんこん、ごぼうは皮をむき、ひと口大の乱切りにし、水にさらしてアク抜きをして水けを拭き取る。

2 並べる
ボウルに1、Aを入れてよく混ぜ、クッキングシートを敷いた天板に鶏肉が重ならないように並べ、残りの具材も並べる。

3 焼く
180℃に予熱したオーブンで25～30分焼く。仕上げに白いりごまをかける。

POINT!

火が通りにくい食材は小さめに切る

ごぼうは太ければ縦半分に切ってから乱切りにします。味がしみ込みやすくなるうえ、火が通りやすくなります。また、食べやすくもなるので、小さなお子さんのためにもおすすめです。

豚バラとアスパラのロースト 温泉卵のせ

═══ OVEN ═══

180℃

- - - - - - - - -

15-20min.

豚バラ肉を巻いたアスパラガスに、チーズの風味が引き立つおかず。
崩した温泉卵の黄身がとろりと絡んで、見ているだけで食欲がそそられます。

材料（天板1枚分／4～6人分）

豚バラしゃぶしゃぶ用肉
　…20枚
グリーンアスパラガス（太め）
　…20本
ピザ用チーズ…大さじ4
A｜オリーブオイル
　｜　…大さじ3
　｜塩・粗びき黒こしょう
　｜　…各適量
　｜イタリアンパセリの茎
　｜（みじん切り）
　｜　…½パック分

トッピング

温泉卵…2個

作り方

1 準備する
アスパラガスは下半分をピーラーなどで薄く皮を
むき、根元のかたい部分を切り落として豚肉を巻
き、**A**で和える。

2 並べる
天板にクッキングシートを敷き、**1**を並べ、ピザ
用チーズをかける。

3 焼く
180℃に予熱したオーブンで15～20分焼く。仕上
げに温泉卵をのせる。

POINT!

材料を規則正しく並べる

豚肉を巻いたアスパラガスは、
縦におき、一列に並べることで、
均一に火が通ります。天板一面
に整列しているので、見た目も
きれいな印象になり、おもてな
しにも◎。

豚バラとなすとズッキーニの
ミルフィーユ

カリッと焼かれた豚肉の下には、うまみがしみたやわらかいなすとズッキーニ。
焼き上がりに散らすパクチーが、コクのある豚バラ肉によく合います。

材料（天板1枚分／4〜6人分）

豚バラ薄切り肉…300g
なす…2本
ズッキーニ…2本
A | オリーブオイル
  …大さじ4
 ナンプラー…大さじ3
 パクチーの茎
  （みじん切り）…3株分
 粗びき黒こしょう…適量

トッピング

パクチーの葉…3株分

作り方

1　切る
なすとズッキーニは5mm幅の輪切りにし、豚肉は
5cm幅に切る。

2　並べる
ボウルに**1**、**A**を入れてよく混ぜ、クッキングシ
ートを敷いた天板に、なすとズッキーニをバラン
スよく並べ、上に豚肉をのせる。

3　焼く
180℃に予熱したオーブンで25〜30分焼く。仕上
げにパクチーの葉を散らす。

POINT!

野菜は肉の下に並べる

なすとズッキーニの輪切りを天
板に広げ、その上に豚肉をのせ
て焼くことで、野菜が豚肉のう
まみを残さずキャッチします。
パクチーの茎のみじん切りを加
えることでさらに風味がアップ。

豚肩ロースときのこと じゃがいものロースト

≡ OVEN ≡

180℃

30 - 35min.

厚切りの豚肉、うまみたっぷりのきのこ、ほくほくのじゃがいもにハニーマスタードが
絡んで、かむたびに深い味わいが口いっぱいに広がります。

材料（天板1枚分／4〜6人分）

豚肩ロースかたまり肉… 500g
じゃがいも（大）… 2個
しめじ・エリンギ
　　…合わせて3パック分
A｜オリーブオイル
　　　　…大さじ3
　｜粒マスタード…大さじ3
　｜はちみつ…大さじ1
　｜塩・粗びき黒こしょう…各適量
　｜ローズマリー（葉を摘む）
　　　　…2枝分

作り方

1 切る
じゃがいもはよく洗い、皮ごと2.5cm角くらいの
乱切りにする。しめじは石づきを切り落として大
きめの小房に分け、エリンギは縦横半分に切る。
豚肉は1cm厚さに切り、ひと口大に切る。

2 並べる
ボウルに1、Aを入れてよく混ぜ、クッキングシ
ートを敷いた天板に具材が均一になるように並べ
る。

3 焼く
180℃に予熱したオーブンで30〜35分焼く。

POINT!

ゴロゴロした具材を楽しむ

天板に敷き詰められたゴロゴロ
とした具材が楽しめる一品です。
きのこは大きめに切ってボリュ
ームを出します。皮つきのじゃ
がいものパリッとした食感がア
クセントに。

牛肉とにんじんのロースト

バターじょうゆにマーマレードとシナモンを加えた、甘酸っぱいソースでいただきます。
マーマレードを加えることで牛肉がやわらかく仕上がります。

≡ OVEN ≡

180℃

- - - - - - - - - -

30 - 35 min.

材料（天板1枚分／4〜6人分）

牛カルビ焼き肉用…500g
にんじん…2本
にんにく…2かけ
長ねぎ…1本
A | 溶かしバター…大さじ3
　 | マーマレード…大さじ3
　 | しょうゆ…大さじ3
　 | シナモン…小さじ1
　 | 塩・粗びき黒こしょう…各適量

作り方

1 切る
にんじんは5mm幅の輪切りにし、にんにくは薄切りにする。長ねぎは5mm幅の斜め切りにする。

2 並べる
ボウルに牛肉、1、Aを入れてよく混ぜ、クッキングシートを敷いた天板に牛肉が重ならないように並べ、残りの具材も並べる。

3 焼く
180℃に予熱したオーブンで30〜35分焼く。

POINT!

**ソースをよく絡めて
いただく**

バターがたっぷり入ったソースが具材によくなじみます。汁けが多めのソースをしっかり絡めることで、焼き肉用の肉がパサつきにくくなり、やわらかくジューシーに。

サーモンとじゃがいものロースト

オリーブオイルと塩、こしょうでシンプルに味つけし、ディルとレモンをアクセントに。
せん切りのじゃがいもがくったりとして、肉厚のサーモンによく合います。

≡ OVEN ≡

180℃

30 - 35 min.

材料（天板1枚分／4～6人分）

サーモン半身… 600g
じゃがいも…大2個
セロリ…1本
レモン（ノーワックス）…1個
A オリーブオイル
　　…大さじ3
　　ディルの茎（みじん切り）
　　… 1パック分
　　セロリの葉（みじん切り）
　　… 1本分
　　塩…小さじ1
　　粗びき黒こしょう…少々

トッピング
ディルの葉… 1パック分

作り方

1 切る
サーモンはひと口大に切り、キッチンペーパーで
包み、余分な水けを取る。じゃがいもは皮をむき、
せん切りにする。セロリは斜め薄切りにする。レ
モンは半分に切る。

2 並べる
ボウルに**A**を半量入れ、じゃがいもとセロリを加
えてよく和える。別のボウルに残りの**A**を入れ、
サーモンを加えて和える。天板にクッキングシー
トを敷き、じゃがいもとセロリを広げ、サーモン、
レモンを上にのせる。

3 焼く
180℃に予熱したオーブンで30～35分焼く。仕上
げにディルの葉をのせる。

POINT!

さっぱり食材をプラス

脂がのったサーモンは、さわや
かな香りのディル、レモン、セ
ロリとの相性が抜群。レモンを
全体にキュッと搾れば、さっぱ
りといただけます。ディルの香
りが広がる一品です。

たらとかぶのロースト

淡白な味のたらとかぶには、ガラムマサラとウスターソースでメリハリのある味つけを。
大きめに切ったかぶがゴロッと入って、歯応えが楽しめます。

材料（天板1枚分／4～6人分）

生たら（切り身）…6切れ
かぶ…5個
長ねぎ…1本
ガラムマサラ…大さじ½
塩…小さじ⅓
小麦粉…適量
A｜オリーブオイル
　　…大さじ3
　　ウスターソース
　　…大さじ3
　　ガラムマサラ…大さじ½
　　塩・粗びき黒こしょう…各適宜

トッピング

パセリ（刻む）…少々

作り方

1 切る
たらは3等分に切り、キッチンペーパーで包み、
余分な水けを取り、ガラムマサラ、塩をなじませ、
小麦粉を薄くはたく。かぶは茎を2cmほど残して
皮をむき、4等分に切る。長ねぎは5mm幅の斜め
切りにする。

2 並べる
ボウルにAの半量、かぶ、長ねぎを入れてよく混
ぜ、クッキングシートを敷いた天板に並べる。残
りのAをたらに絡ませて上にのせる。

3 焼く
180℃に予熱したオーブンで20～30分焼く。仕上
げにパセリを散らす。

POINT!

ガラムマサラで香りを足す

火を通して甘みが増したかぶが
ゴロッと入って、見栄えも◎な
おかずです。ウスターソースと
ガラムマサラでしっかりとした
香りと味つけに。淡白なたら、
長ねぎによく合います。

ぶりと大根のロースト

しょうゆとみりんの定番の組み合わせに、バルサミコ酢のやわらかな酸味を加えました。
にんにくがたっぷり入った、クセになるおいしさです。

═══ OVEN ═══
180℃
- - - - - - - - - -
30 - 35 min.

材料（天板1枚分／4〜6人分）

ぶり（切り身）…6切れ
大根…½本
塩…小さじ⅓
こしょう…適量
A｜溶かしバター…大さじ3
　｜バルサミコ酢…大さじ2
　｜しょうゆ…大さじ2
　｜みりん…大さじ2
　｜にんにく（薄切り）
　｜　…2かけ分
　｜塩・粗びき黒こしょう…各適量

作り方

1 切る
ぶりは半分に切り、キッチンペーパーで包んで余分な水けを取り、塩、こしょうをしっかりまぶす。大根は皮を厚めにむき、5㎜幅の半月切りにする。

2 並べる
ボウルに1、Aを入れてよく和える。クッキングシートを敷いた天板に調味料を和えた大根を広げ、ぶりをのせる。

3 焼く
180℃に予熱したオーブンで30〜35分焼く。

POINT!

ぶりのくさみを取り除く

ぶりは水けをしっかりと拭き、生ぐささを取り除いてから、味つけしましょう。コクのあるバターとバルサミコ酢に、しょうゆとみりんの照り焼き味がよく合い、和と洋どちらのテイストも楽しめます。

えびとパプリカのロースト

バターピーナッツの食感が楽しいトマト味のローストです。
えびと2色のパプリカが入っているから、テーブルが一気に明るくなります。

===== OVEN =====

180℃

20 - 25min.

材料（天板1枚分／4～6人分）

えび（殻つき）…20～30尾
パプリカ（赤・黄）…各1個
片栗粉…大さじ2
A｜にんにく（みじん切り）
　　　…3かけ分
　｜トマトペースト
　　　…大さじ2
　｜バターピーナッツ（砕く）
　　　…大さじ3
　｜パプリカパウダー
　　　…大さじ2
　｜チリパウダー
　　　…大さじ½～1
　｜オリーブオイル
　　　…大さじ3

作り方

1　準備する
えびは殻つきのままはさみで背に切り込みを入れ、背わたを取り除き、片栗粉をしっかりもみ込み、冷水で洗い、キッチンペーパーで包んで水けを取る。パプリカは縦に1cm幅に切る。

2　並べる
ボウルに1、Aを入れてよく和え、クッキングシートを敷いた天板に敷き詰める。

3　焼く
180℃に予熱したオーブンで20～25分焼く。

POINT!

ピーナッツで食感をプラス

砕いたピーナッツを加えることで、食感に変化が出てパクパク食べられます。にんにくの風味とトマト味に、ピーナッツのコクがマッチし、あとをひくおいしさです。

いかと長いものロースト

ごまと山椒の風味が広がる和風のおかず。
いかのうまみと長ねぎの甘み、長いもの食感が楽しめる、ごはんに合う一品です。

OVEN

180℃

- - - - - - - -

20-25min.

材料（天板1枚分／4～6人分）

いか…2杯
長いも…1本
長ねぎ…2本
A｜ごま油…大さじ3
　｜しょうゆ…大さじ3
　｜みりん…大さじ3
　｜山椒…小さじ½～1

トッピング
白いりごま…適量

作り方

1 **切る**
いかは内臓と軟骨を取り除き、胴は7mm幅の輪切りにし、ゲソはかたい吸盤を包丁の背でしごき取り、3等分に切る。長いもは皮をむき、4cm幅に切り、縦4等分に切る。長ねぎは3cm幅に切る。

2 **並べる**
ボウルに1、Aを入れてよく和え、クッキングシートを敷いた天板に敷き詰める。

3 **焼く**
180℃に予熱したオーブンで20～25分焼く。仕上げに白いりごまをかける。

POINT!

食材の食感の違いを楽しむ

ローストした長いものシャキシャキとした食感と、こんがり焼き色がついた長ねぎのやわらかい食感、胴とゲソを両方使ったいかのしっかりとした歯応えを楽しめます。

かぼちゃとさつまいもと 生ハムのロースト

薄切りにしたかぼちゃとさつまいもに、生ハムの塩けがきいています。
粗びき黒こしょうをたっぷりふっていただくのがおすすめ。

材料（天板1枚分／4〜6人分）

かぼちゃ…⅛個
さつまいも…大1本
生ハム（あればコッパ）…20枚
にんにく…2かけ
溶かしバター…大さじ3
クミンシード…小さじ1

トッピング

粗びき黒こしょう…適量

作り方

1 **切る**
かぼちゃとさつまいもは2mm幅の薄切りにする。にんにくはみじん切りにする。

2 **並べる**
天板にクッキングシートを敷き、かぼちゃ、さつまいも、生ハムの各半量、にんにくの全量を順にのせる。さらに残りのかぼちゃ、さつまいも、生ハムを順に重ね、溶かしバターを回しかけ、クミンシードをふる。

3 **焼く**
170°Cに予熱したオーブンで30〜35分焼き、竹串がさつまいもにスッと入ったら、仕上げに粗びき黒こしょうをふる。

POINT!

材料を順に重ねる

かぼちゃ、さつまいも、生ハムを順に重ねることで、生ハムのうまみがまんべんなくいきわたります。生ハムは、豚の首から肩の肉にスパイスをもみ込んで作るコッパがおすすめ。

れんこんとアンチョビのロースト

ちぎったバゲットをれんこんと一緒にオーブンで焼き上げました。
アンチョビの塩けとにんにくの風味で、止まらないおいしさです。

━━ OVEN ━━

180℃

- - - - - - - - - - - - - - - -

20-25min.

材料（天板1枚分／4～6人分）

れんこん…200g
アンチョビ…10枚（30g）
にんにく…3かけ
バゲット…1本
A｜ オリーブオイル
　　 …大さじ4
　 小ねぎの白い部分
　　（小口切り）…10本分
　 塩・粗びき黒こしょう…各適量

トッピング

小ねぎの緑の部分
　（小口切り）…10本分

作り方

1 切る
れんこんは皮をむき、ひと口大の乱切りにし、酢
水に5～10分浸けてアクを取り、キッチンペー
パーで水けをしっかり拭き取る。アンチョビは細
かく切り、にんにくは薄切りにする。バゲットは
ひと口大にちぎる。

2 並べる
ボウルに1、Aを入れてよく和え、クッキングシー
トを敷いた天板に敷き詰める。

3 焼く
180℃に予熱したオーブンで20～25分焼く。仕上
げに小ねぎを散らす。

POINT!

バゲットも一緒に焼く

バゲットも一緒に和えて焼くこ
とで、オリーブオイルが絡んで、
パリッとこんがり焼き上がりま
す。ボリューム満点なので、大
人数の食卓にもおすすめです。

白菜とブルーチーズのロースト

天板いっぱいに白菜を敷き詰め、シンプルながらもボリューム感を出しました。
ブルーチーズがクセになる大人な味わいなので、ワインのお供にも。

≡ OVEN ≡

180℃

20-25min.

材料（天板1枚分／4～6人分）

白菜…¼個
A｜ブルーチーズ…100g
｜生クリーム…100g
粗びき黒こしょう…適量

作り方

1 切る
白菜は縦半分に切る。ボウルにAを入れ、よく混ぜる。

2 並べる
天板にクッキングシートを敷き、白菜を並べ、葉の間に塗るようにAを挟み込み、粗びき黒こしょうをふる。

3 焼く
180℃に予熱したオーブンで20～25分焼く。

POINT!

葉の間にチーズを塗り込む

白菜は縦に切るだけで、形を生かして焼き上げます。重なった葉の間に混ぜ合わせたブルーチーズと生クリームを塗り込むことで、まんべんなく味がしっかりと絡みます。

パプリカと
ランチョンミートのロースト
温泉卵のせ

角切りにした具材がかわいらしい、子どもから大人まで喜ばれる一品です。
ジューシーなランチョンミートに温泉卵を絡めていただきます。

材料（天板1枚分／4〜6人分）

パプリカ（黄・赤）…各1個
玉ねぎ…1個
ランチョンミート
　…1缶（340g）
A｜オリーブオイル
　　…大さじ2
　｜タイム…3枝
　｜ウスターソース
　　…大さじ3
　｜塩…小さじ¼
　｜粗びき黒こしょう…少々

トッピング

温泉卵…2個

作り方

1 切る
パプリカ、玉ねぎ、ランチョンミートは2cm角に
切る。

2 並べる
ボウルに1、Aを入れてよく和え、クッキングシー
トを敷いた天板に敷き詰める。

3 焼く
180℃に予熱したオーブンで20〜25分焼く。仕上
げに温泉卵をのせる。

POINT!

具材を2cm角にそろえる

具材の大きさをそろえて切ることで、均一に味がなじみ、火の通りもムラになりにくく、全体がこんがりと焼き上がります。仕上げにのせる温泉卵を絡めれば、濃厚でマイルドな一品に。

玉ねぎと
スモークサーモンのロースト

ケイパーとオリーブオイル、塩、こしょうの味つけで、素材の味を楽しめます。
レモンを全体に搾って、さっぱりと召し上がれ。

≡ OVEN ≡

180℃

15・20min.

材料（天板1枚分／4～6人分）

玉ねぎ…2個
スモークサーモン…300g
りんご…1個
レモン（ノーワックス）…1個
ディルの茎…½パック分
ケイパー（またはピクルスのみじん切り）
　…大さじ2
A｜オリーブオイル
　　…大さじ3
　　塩・粗びき黒こしょう…各適量

作り方

1　切る
玉ねぎは薄切りにし、りんごはせん切りにする。
ディルの茎はみじん切りにする。スモークサーモンはひと口大にちぎる。

2　並べる
ボウルに**1**、ケイパー、**A**を入れて和え、クッキングシートを敷いた天板に敷き詰め、半分に切ったレモンをのせる。

3　焼く
180℃に予熱したオーブンで15～20分焼く。

POINT!

薄味で素材の味を楽しむ

スモークサーモンにコクがあるので、シンプルな味つけでも十分満足感のあるおかずに。柑橘類は焼くと甘みが出て、果汁を搾りやすくなります。食べるときにレモンをギュッと搾って。

02

思わず歓声が上がる!
とっておきの日の
ごちそうおかず

たくさんのゲストを招く日は、天板でオーブン料理を作りましょう。
人が来る日はただでさえ忙しいから、オーブンが大活躍。
天板で作るオーブン料理なら、見栄えもするし、
できたてをテーブルに運べば、思わず歓声が上がりそう。

ごちそうパエリア

大きなえびとムール貝が入った豪勢なパエリア。アスパラガスの緑とパプリカの赤と黄で
彩りよく、食欲をそそります。難しそうに見えるのに簡単に作れるのがうれしいところ。

≡≡ OVEN ≡≡
170℃
- - - - - - - - -
40 - 50 min.

材料（天板1枚分／4〜6人分）

鶏もも肉…1枚（約300g）
いか…1杯
有頭えび…4尾
ムール貝（あさりでも可）
　…12個
ベーコン…80g
グリーンアスパラガス…4本
パプリカ（赤・黄）…各½個
ライム（ノーワックス）…1個
米…2合
A｜玉ねぎ（粗みじん切り）
　　…¼個分
　｜にんにく（みじん切り）
　　…2かけ分
　｜オリーブオイル…適量
B｜塩…小さじ⅓
　｜サフラン…ひとつまみ
　｜水…400㎖
塩…小さじ⅓
粗びき黒こしょう…少々

トッピング
イタリアンパセリ…適量

作り方

1 準備する
米は洗い、Bに浸けておく。鶏肉はキッチンペーパーで包み、余分な水けを取る。厚さが均一になるように開き、ひと口大に切る。いかは内臓と軟骨を取り除いて胴は輪切りにし、ゲソはかたい吸盤を包丁の背でしごき取り、3等分に切る。えびは足を取り除き、殻の上から背わたを取る。ムール貝は殻を洗って、ひげを抜く。ベーコンは1㎝幅に切る。アスパラガスは下半分の皮をピーラーで薄くむき、根元のかたい部分を取り除いて長さを半分に切り、パプリカは8等分に切る。ライムは半分に切る。

2 並べる
天板にクッキングシートを敷き、A、Bに浸けた米を混ぜ合わせて入れ、具材をきれいに並べる。上から塩、粗びき黒こしょうをふる。

3 焼く
170℃に予熱したオーブンで40〜50分焼く。仕上げにイタリアンパセリを添える。

POINT!

大きい具材をまんべんなく広げる
野菜も魚介のサイズに合わせて大きく切って、豪勢な雰囲気をアップ。焼きムラも防げるので、サイズをそろえることが、おいしく仕上げるポイントです。

骨つき鶏もも肉のカチャトーラ

骨つきの鶏もも肉が目を引き、ボリュームたっぷりなので、テーブルの主役になること
間違いなしのごちそうメニュー。お祝いごとや、記念日、クリスマスなどにもピッタリです。

材料（天板1枚分／4〜6人分）

骨つき鶏もも肉
　…3本（900g〜1kg）
パプリカ（赤・黄）…各1個
なす…1本
ズッキーニ…1本
ペコロス（小玉ねぎ）
　…8個
ミニトマト…10個
にんにく…2かけ
塩…小さじ½
粗びき黒こしょう…少々
A｜オリーブオイル
　　…大さじ3
　　トマトペースト
　　…大さじ3
　　塩・粗びき黒こしょう…各適量
　　バジルの茎…2本分
　　セロリ（みじん切り）
　　…½本分

トッピング

バジルの葉…2本分

作り方

1 **準備する**
鶏肉はキッチンペーパーで包み、余分な水けを取る。皮の薄い側に切れ目を入れて開き、塩、粗びき黒こしょうをしっかりとすり込む。パプリカは乱切り、なす、ズッキーニは輪切りにする。ペコロスは4等分の輪切りにする。にんにくは芽があったら取り除き、半分に切ってつぶす。

2 **並べる**
ボウルに**A**を入れてよく混ぜ、**1**を加えて和える。クッキングシートを敷いた天板に鶏肉を並べ（POINT！参照）、ミニトマト、にんにくをのせる。

3 **焼く**
180℃に予熱したオーブンで40〜50分焼く。仕上げにバジルの葉を散らす。

POINT!

最初に鶏肉を並べる

最初に鶏肉3本を重ならないように天板に並べてから、残りの具材を広げていくと、バランスよく盛りつけられます。仕上げに散らすバジルで彩りアップ。

スペアリブと香味野菜と 丸ごと玉ねぎのロースト

じっくりとオーブンで焼き上げた玉ねぎは、甘みが増し、トロトロの食感になります。
こんがり焼けたスペアリブにハーブが香る、オーブン料理ならではの一品です。

材料（天板1枚分／4〜6人分）

スペアリブ… 1 kg
玉ねぎ… 3 個
セロリの葉（みじん切り）
　… 1 本分
にんにく（みじん切り）
　… 2 かけ分
長ねぎ（みじん切り）
　…½本分
タイム…適量
ローズマリー…適量
A｜塩…小さじ1
　｜粗びき黒こしょう…少々
　｜オリーブオイル
　　…大さじ2
　｜バルサミコ酢…大さじ2
　｜ナンプラー…大さじ1

作り方

1　準備する
スペアリブは室温に戻し、**A** で下味をつける。セロリの葉、にんにく、長ねぎを絡め20〜30分おく。

2　並べる
天板にクッキングシートを敷き、**1** と皮つきのままの玉ねぎを並べ、タイム、ローズマリーをのせる。

3　焼く
180℃に予熱したオーブンで40〜50分焼く。

POINT!

玉ねぎは丸ごと焼く
玉ねぎを丸ごと、オーブンでそのまま焼き上げれば、やわらかくなり、甘みも凝縮されます。ざっくりと切り分け、トロッとした食感を楽しんで。

ラムチョップとサルサのクスクス

天板に敷き詰めたクスクスに、ラムチョップのうまみを余すところなくしみ込ませます。
骨つきラム肉を存分に使った、ラム好きにはたまらないメニューです。

≡≡ OVEN ≡≡
180℃
- - - - - - - - - -
20 - 30min.

材料（天板1枚分／4〜6人分）

ラムチョップ…8本
クスクス（乾燥）…250ｇ
トマト（小）…4個
塩…小さじ1
A ┃ クミンパウダー…大さじ1
　　┃ カルダモンパウダー
　　┃ 　…大さじ1
　　┃ オリーブオイル…大さじ3
粗びき黒こしょう…適量
【サルサソース】
　青唐辛子（粗みじん切り）
　　…1〜2本分
　玉ねぎ（粗みじん切り）
　　…¼個分
　パクチー（粗みじん切り）
　　…2株分
　にんにく（みじん切り）
　　…1かけ分
　ライムの搾り汁…2個分
　塩…小さじ⅓
　こしょう…適量

作り方

1 準備する
クスクスは袋の表示通りに戻す。ラムチョップは塩をしっかりとすり込み、**A**をなじませる。トマトは半分に切る。サルサソースの材料は混ぜ合わせる。

2 並べる
天板にクッキングシートを敷き、戻したクスクスを敷き詰め、ラムチョップ、トマトをのせ、粗びき黒こしょうをふる。

3 焼く
180℃に予熱したオーブンで20〜30分焼く。仕上げにサルサソースをかける。

POINT!

クスクスを最初に敷き詰める
クスクスを敷き詰めてから、ラムチョップとトマトを順にのせることで、クスクスがうまみをキャッチ。クスクスを最後までおいしく食べられます。

サーモンと
緑の野菜の香草焼き

肉厚のサーモンをぜいたくに堪能でき、ディルの風味がよく合います。かたまりのサーモンは
スーパーなどで売り場になくても、注文すると用意してくれることが多いですよ。

≡≡≡ OVEN ≡≡≡

180℃

20 - 30 min.

材料（天板1枚分／4～6人分）

サーモン（かたまり）…800g
グリーンアスパラガス…5本
ズッキーニ…1本
アボカド（かため）…1個
そば米（炊いたもの）…2合分
ディルの茎（みじん切り）
　…1パック分
グレープフルーツ（国産）…½個
A にんにく（みじん切り）
　　　…1かけ分
　　バター…大さじ1
　　塩…小さじ⅓
　　粗びき黒こしょう…少々
オリーブオイル…大さじ2
塩…小さじ½＋小さじ⅓
粗びき黒こしょう…適量

トッピング

ディルの葉（みじん切り）…適量
イタリアンパセリ（みじん切り）…適量

作り方

1 準備する

そば米は**A**で下味をつける。サーモンはキッチンペーパーで水けを拭き取り、塩小さじ½、粗びき黒こしょう少々をしっかりとすり込み、オリーブオイル大さじ1、ディルの茎を絡める。アスパラガスは下半分の皮をピーラーで薄くむき、根元のかたい部分を取り除いて長さを半分に切る。ズッキーニは輪切りにする。アボカドは皮と種を取り除き、縦4等分に切って乱切りにし、オリーブオイル大さじ1、塩小さじ⅓、粗びき黒こしょう少々で和える。

2 並べる

天板にクッキングシートを敷き、そば米を敷き詰め、サーモン、野菜、グレープフルーツをのせる。

3 焼く

180℃に予熱したオーブンで20～30分焼く。仕上げにディルの葉、イタリアンパセリを散らし、グレープフルーツを切って搾る。

POINT!

サーモンのうまみを逃さない

天板にそば米を敷き詰め、サーモンを真ん中におき、野菜、グレープフルーツを順にのせていきます。そば米の代わりに玄米でも。

ドライフルーツのローストポークと
ザワークラウトのロースト

豚肉にプルーンとドライいちじくを巻き込んで焼くことで、豚肉がやわらかくなり、
ほのかな甘みが広がります。ザワークラウトは市販のものを使えば簡単です。

材料（天板1枚分／4〜6人分）

豚肩ロースかたまり肉…800g
プルーン（種なし）…8個
ドライいちじく（大）…4個
ザワークラウト（市販）…500g
りんご…½個
干しぶどう…大さじ3
塩…小さじ1⅓
粗びき黒こしょう…適量
ソース（下参照）…全量

トッピング
クレソン…適量

┌─────────────────────┐
ソースの材料と作り方

小鍋に白ワインビネガー200
mlを熱し、半量になるまで煮
詰め、バター100g、塩小さ
じ½、はちみつ大さじ1、こ
しょう適量を加え、とろみが
つくまで煮詰める。
└─────────────────────┘

作り方

1 準備する①
豚肉は厚さ1.5cmに開き、塩の半量、粗びき黒こ
しょうをすり込む。プルーン、ドライいちじくを
肉の上にまんべんなくのせ、ロール状に巻いて元
の形に戻し、たこ糸を巻いてしっかりと縛る。全
体に残りの塩、粗びき黒こしょうをすり込む。

2 焼く①
天板にクッキングシートを敷いて中央に網をおき、
1をのせ、120℃に予熱したオーブンで90分焼く。

3 準備する②
ザワークラウトは洗い、水けをしっかりと絞る。
りんごはせん切りにする。ボウルに入れ、干しぶ
どうを加えて混ぜる。

4 焼く②
2が焼き上がったら、肉と網を取り出し、3に2
の肉汁を加えて絡め、天板全体に広げる。肉を中
央にのせ、180℃に予熱したオーブンで15分焼く。
仕上げにクレソンをのせ、ソースを添える。

POINT!

たこ糸で縛った豚肉を先に焼く

プルーンとドライいちじくを巻き込んだ豚
肉は、崩れないようにたこ糸でしっかりと
縛ります。

残りの具材と一緒にさらに焼く

残りの具材を天板に敷き詰め、焼いた豚肉
を中央にのせたら、もう一度オーブンで焼
き上げます。

タルトフランベ

小麦粉を使った薄い生地に、チーズ、玉ねぎ、ベーコンをのせたフランスの伝統料理。
パリパリに焼き上がった生地は軽い食感で、止まらないおいしさです。

≡≡≡ **OVEN** ≡≡≡

250℃

- - - - - - - -

10 - 15min.

材料（天板1枚分／4～6人分）

フロマージュブラン
　（または水きりヨーグルト／
　P151参照）…150g
玉ねぎ…½個
ベーコン（ブロック）…70g
塩…小さじ⅓
粗びき黒こしょう・ナツメグ
　…各少々
【タルト生地】
　ドライイースト…1g
　塩…1.5g（1g強）
　強力粉…50g
　薄力粉…20g
　全粒粉…30g
　ショートニング
　　（またはマーガリン）…40g
　ぬるま湯（40℃くらい）
　　…30～40㎖

作り方

1 準備する
ボウルにタルト生地の材料をすべて入れ、粉っぽさがなくなるまで手でこね、30分ほど休ませる。ベーコンは粗みじん切りにし、玉ねぎは繊維に沿って薄切りにする。

2 並べる
タルト生地を薄くのばし、クッキングシートを敷いた天板にのせる。フロマージュブランを塗り、ベーコン、玉ねぎをのせ、塩、粗びき黒こしょう、ナツメグをふる。

3 焼く
250℃に予熱したオーブンで10～15分焼く。

POINT!

生地は薄くのばす
生地は薄くのばすことで、焼き上がりがパリッとした食感に。フロマージュブランを全体にまんべんなく塗り、玉ねぎとベーコンをバランスよくのせましょう。

03

アツアツ!
グラタン&ドリア

グラタン皿のような耐熱容器がなくても、
天板1枚あれば、とろーりチーズとソースがたまらない、
大きなグラタンやドリアができ上がります。
本格的なグラタンから、生クリームやミートソース缶などで作る
簡単なレシピまで、幅広く紹介します。

洋食屋さんのグラタン

鶏肉とえびとほたてが入った、ごほうびみたいなグラタンです。
やわらかいマカロニがホワイトソースとよく合い、子どもから大人まで幸せな気持ちに。

≡ OVEN ≡

180°c

- - - - - - - - -

30-40min.

材料（天板1枚分／4〜6人分）

鶏もも肉… 1枚（約300g）
むきえび（大）… 10尾
ほたて貝柱… 8枚
玉ねぎ… 1個
マカロニ（乾燥）…200g
バター…大さじ1
塩…小さじ⅓
こしょう…少々
ピザ用チーズ…大さじ4
パン粉…大さじ2
ホワイトソース（右参照）
　…全量

トッピング

パセリ（みじん切り）
　・粗びき黒こしょう…各適量

作り方

1 準備する

マカロニは熱湯に30分浸し、バター、塩、こしょうで下味をつける。玉ねぎは薄切りにする。鶏肉はキッチンペーパーで包み、余分な水けを拭き、厚さが均一になるように開き、ひと口大に切る。えびは片栗粉（分量外）でもみ洗いし、キッチンペーパーで包んで水けを拭く。ほたて貝柱は半分の厚さに切る。

2 並べる

天板にクッキングシートを敷き、マカロニ、玉ねぎ、鶏肉、ほたて、えびをのせ、ホワイトソースをかけ、チーズ、パン粉をかける。

3 焼く

180℃に予熱したオーブンで30〜40分焼く。仕上げにパセリを散らし、粗びき黒こしょうをふる。

ホワイトソースの材料と作り方

大きめの耐熱ボウルにバター60gと生クリーム100mℓを入れてふんわりとラップをし、電子レンジで1分〜1分30秒加熱し、小麦粉50g、塩小さじ⅓を加えて泡立て器でよく混ぜる。なめらかに混ざったら、牛乳500mℓを3回に分けてよく混ぜ、さらに3分加熱する。一度取り出してよく混ぜ、さらに3分加熱し、取り出してよく混ぜる。

POINT!

同じ食材がかたまらないように並べる

のせる食材が多いので、まんべんなく広げてから焼きましょう。どこから食べてもいろいろな具材を楽しめます。

じゃがいもと牡蠣のグラタン

にんにく、生クリーム、塩で作ったシンプルなソースで、手軽に焼けるグラタンです。
牡蠣のうまみがソースにしみ込んで、薄切りのじゃがいもをおいしくいただけます。

≡≡≡ OVEN ≡≡≡

180℃

40 - 50 min.

材料（天板1枚分／4〜6人分）

じゃがいも… 5個
蒸し牡蠣…15個
A｜にんにく（すりおろし）
　　　…3かけ分
　｜生クリーム…400㎖
　｜塩…小さじ1

トッピング
粗びき黒こしょう…適量
パセリ（みじん切り）…少々

作り方

1 準備する
じゃがいもはスライサーなどでごく薄切りにする。
ボウルに A を入れ、よく混ぜる。

2 並べる
天板にクッキングシートを敷き、じゃがいもを敷き詰めて牡蠣をのせ、A をかける。

3 焼く
180℃に予熱したオーブンで40〜50分焼く。じゃがいもに竹串を刺してスッと入ったら、仕上げに粗びき黒こしょうをふり、パセリを散らす。

POINT!

薄切りじゃがいもを敷き詰める

じゃがいもは薄切りにすることで、牡蠣のプリッとした食感をじゃませずにいただけます。また、じゃがいもに火が通りやすくなるので、ソースがよくしみ込みます。

ムサカ

薄切りにしたなすやじゃがいもに、ひき肉入りのソース、チーズをかけて
オーブンで焼いたギリシャ料理。野菜をたっぷり食べられます。

≡ OVEN ≡

170℃

- - - - - - - - -

40 - 50min.

材料（天板1枚分／4〜6人分）

なす…2本
じゃがいも…2個
にんにく…3かけ
A｜ミートソース
　｜　（P205参照／または市販）
　｜　…600g
　｜水きりヨーグルト（P151参照）
　｜　…200g
　｜生クリーム…100mℓ
　｜塩…小さじ¼
ピザ用チーズ…大さじ3

作り方

1 準備する
なすは縦にごく薄切りにし、じゃがいもはスライ
サーなどでごく薄切りにする。にんにくは芽があ
ったら取り除き、薄切りにする。ボウルにAを入
れ、よく混ぜる。

2 並べる
天板にクッキングシートを敷き、なす、じゃがい
もの順に交互に重ね、にんにくを散らす。Aを回
しかけ、ピザ用チーズをのせる。

3 焼く
170℃に予熱したオーブンで、じゃがいもに竹串
を刺してスッと入るまで40〜50分焼く。

POINT!

野菜の厚みは均一に

なす、じゃがいもは厚みをそろえて切り、
それぞれ1列ずつ交互に重ねることで均一
に火が通りやすくなります。

えびとマッシュルームの
オーロラドリア

トマトソースと生クリームを合わせたソースが、プリプリのえびにマッチします。
ディルをたっぷりのせて、香りも楽しみながら召し上がれ。

材料（天板1枚分／4～6人分）

えび（殻つき）…20尾
マッシュルーム…10個
ごはん…1合分
バター…大さじ1
A｜トマトソース（P204参照）
　　…300g
　｜セロリ（みじん切り）
　　…1本分
　｜生クリーム…100mℓ
　｜塩…小さじ⅓
　｜粗びき黒こしょう…適量
ピザ用チーズ…大さじ4

トッピング
ディルの葉…適量

作り方

1 準備する
えびは殻をむき、尾と背わたを取り除き、片栗粉
（分量外）でもみ洗いし、キッチンペーパーで水
けを拭く。マッシュルームは5mm幅に切る。ボウ
ルにAを入れ、よく混ぜる。温かいごはんにバタ
ーを混ぜる。

2 並べる
天板にクッキングシートを敷き、ごはんを広げ、
ピザ用チーズの半量をかける。えび、マッシュル
ームをのせ、Aを回しかけ、残りのピザ用チーズ
をかける。

3 焼く
180℃に予熱したオーブンで30～35分焼く。仕上
げにディルの葉を散らす。

POINT !

チーズは分けてかける

チーズは、えびとマッシュルームをのせる
前と後に半量ずつかけましょう。表面はこ
んがり、中でトロッととろけたチーズがお
いしいです。

白身魚のドリア

白身魚に合わせる具材は長ねぎとカリフラワー。ソースとパン粉をかけて
オーブンで焼き上げれば、クリーム色の表面においしそうな焼き色が際立ちます。

≡≡≡ OVEN ≡≡≡

180℃

- - - - - - - - -

30 - 35min.

材料（天板1枚分／4〜6人分）

白身魚（切り身）…4切れ
長ねぎ…1本
カリフラワー…½個
ごはん…1合分
バター…大さじ1
A │ 生クリーム…100㎖
　　│ サワークリーム…200㎖
　　│ 牛乳…200㎖
　　│ 塩…小さじ1
ピザ用チーズ…70g
パン粉…大さじ2
粗びき黒こしょう…適量

作り方

1 準備する
白身魚はキッチンペーパーで水けを拭き取り、3
〜4等分に切り、湯通しする。長ねぎは斜め薄切
りにし、カリフラワーは小房に分け、5㎜厚さに
縦に切る。ボウルにAを入れ、混ぜ合わせる。温
かいごはんにバターを混ぜる。

2 並べる
天板にクッキングシートを敷き、ごはんを広げ、
ピザ用チーズの半量をかける。長ねぎ、カリフラ
ワー、白身魚の順にのせ、粗びき黒こしょうをし
っかりとふり、Aを全体にかけ、残りのピザ用チ
ーズ、パン粉をかける。

3 焼く
180℃に予熱したオーブンで30〜35分焼く。

POINT!

**具材は火が通りやすい
ものから順にのせる**

白身魚は湯通ししてから使うことで、生ぐ
ささを取り除けます。長ねぎ、カリフラワ
ー、白身魚の順に、火が通りやすいものか
ら天板に並べるのがコツです。

デミグラのクリームドリア

デミグラスソースと生クリームの濃厚なソースに牛肉を混ぜた、ボリューム満点の
ドリアです。ごはんにソースを絡めながらいただきます。

OVEN

180℃

30 - 35 min.

材料（天板1枚分／4〜6人分）

牛切り落とし肉…250g
玉ねぎ…½個
ごはん…1合分
パセリ（みじん切り）…大さじ1
バター…大さじ1
デミグラスソース…1缶（300g）
生クリーム…100mℓ
ピザ用チーズ…100g
塩・こしょう…各少々

トッピング

パセリ（みじん切り）…適量

作り方

1 準備する

温かいごはんにバター、パセリを混ぜる。玉ねぎ
は5mm幅のくし形切りにする。牛肉はひと口大に
切り、塩、こしょうで下味をつける。ボウルにデ
ミグラスソース、生クリーム、玉ねぎ、牛肉を入
れよく混ぜる。

2 並べる

天板にクッキングシートを敷き、ごはんを広げ、
ピザ用チーズの半量をかける。1のボウルの中身
を回しかけ、残りのピザ用チーズをかける。

3 焼く

180℃に予熱したオーブンで30〜35分焼く。仕上
げにパセリを散らす。

POINT!

ごはんにはバターとパセリを混ぜる

しっかりと味が絡んだ具材の下には、あら
かじめバターと刻んだパセリを混ぜたごは
んを広げます。具材とごはんにまとまりが
出て、おいしくなります。

04

サクサク！ふわふわ！
粉ものレシピ

オーブン料理といえば、ピッツァやフォカッチャなどの
粉ものも外せません。まずは、生地作りの基本をマスターしましょう。
あとは生地を天板に合わせて成形し、具材をトッピングして焼くだけ。
焼きたてはアツアツ、ふわふわです。

ピッツァ生地の作り方

材料（天板1枚分／4〜6人分）

A | 強力粉…140g
  | 薄力粉…60g
  | ドライイースト…3g
  | 砂糖…6g
  | 塩…4g
水…130〜140㎖
オリーブオイル…大さじ1

作り方

1 ボウルにAを順に入れてよく混ぜる。水の半量を加えて混ぜ、様子を見ながら残りの水を加えてさらに混ぜる。粉っぽさがなくなったらオリーブオイルを加え、さらに10〜15分手でこねる。

2 ボウルにオリーブオイル適量（分量外）を塗り、1を丸めて入れる。ラップをし、30℃くらいの暖かい場所に40分おいて発酵させる。

3 2の生地を台に取り出し、打ち粉をしながら四角く伸ばし、クッキングシートを敷いた天板にのせる。

フォカッチャ生地の作り方

材料（天板1枚分／4〜6人分）

A 強力粉…350g
　 薄力粉…150g
　 ドライイースト…10g
　 砂糖…9g
　 塩…9g
水…330㎖
オリーブオイル…大さじ1

作り方

1 ボウルにAを入れてよく混ぜる。水の半量を加え混ぜ、様子を見ながら残りの水を加えてさらに混ぜる。粉っぽさがなくなったらオリーブオイルを加えて混ぜ、台に出して15〜20分手でこねる。

2 ボウルにオリーブオイル適量（分量外）を塗り、1を丸めて入れる。ラップをし、30℃くらいの暖かい場所に20分おいて一次発酵させる。

3 2の生地を台に取り出し、めん棒で天板よりひと回り小さいサイズに四角く伸ばす。クッキングシートを敷いた天板にのせ、オーブンの発酵機能を使い、30〜40分おいて二次発酵させる。

＊発酵機能がなければ、熱湯を張った耐熱ボウルと一緒にオーブンに入れて乾燥を防ぎ、30〜40分おいて二次発酵させる。

ビスマルク

トマトベースのソースに玉ねぎとベーコン、チーズをのせ、中央に卵を落とせば、
定番のピッツァが完成。トロリととろけるモッツァレラチーズがたまりません。

≡ OVEN ≡

190℃

- - - - - - - - -

15-20min.

材料（天板1枚分／4～6人分）

玉ねぎ…½個
ベーコン…80g
卵…1個
モッツァレラチーズ…1袋
トマトソース（P204参照
　　／または市販）…100g
オリーブオイル
　　…大さじ1～2
ピッツァ生地（P126参照）…全量

トッピング
バジルの葉…適量

作り方

1 切る
玉ねぎはごく薄切りにし、ベーコンは2cm幅に切る。モッツァレラチーズは薄切りにする。

2 並べる
ピッツァ生地にオリーブオイル、トマトソースを順に塗り、玉ねぎ、ベーコン、モッツァレラチーズを順にのせ、中央に卵を落とす。

3 焼く
190℃に予熱したオーブンで15～20分焼く。仕上げにバジルの葉をのせる。

POINT!

みみまでおいしく食べるには
生地の全面にオリーブオイル、トマトソースを均一に塗ったら、同じ具材が重ならないように並べて。生地の端までまんべんなくのせるのがおすすめ。

じゃがいもとアンチョビ、ローズマリーのピッツァ

━━ OVEN ━━

190℃

- - - - - - - - - - -

15-20min.

アンチョビで味がほぼ決まるから、味つけはシンプルに。
ローズマリーの風味が広がり、ワインなどによく合います。

材料（天板1枚分／4〜6人分）

じゃがいも…1個
アンチョビ…5枚（15g）
ローズマリー…1枝
ピザ用チーズ…60g
オリーブオイル…大さじ1
ピッツァ生地（P126参照）…全量

作り方

1 **準備する**
じゃがいもはスライサーでごく薄切りにし、アンチョビは手でちぎる。ボウルにじゃがいも、アンチョビ、オリーブオイルを入れて和える。

2 **並べる**
ピッツァ生地に1を並べ、ピザ用チーズを薄く広げ、ちぎったローズマリーを散らす。

3 **焼く**
190℃に予熱したオーブンで15〜20分焼く。

素材の味を生かして楽しむ

簡単な味つけと薄くのせたチーズで、ピッツァ生地と具材、それぞれの味を楽しめます。じゃがいもは、まんべんなく全体に広げましょう。

クアトロフォルマッジョ

具材は4種類のチーズのみで、チーズを存分に楽しめるピッツァ。
粗びき黒こしょうをしっかりとふるとおいしいです。

⟹ OVEN ⟸

190℃

15 - 20min.

材料（天板1枚分／4〜6人分）

モッツァレラチーズ… 1袋
ゴルゴンゾーラチーズ…30g
リコッタチーズ…30g
グリエールチーズ…30g
粗びき黒こしょう…適量
オリーブオイル
　…大さじ1〜2
ピッツァ生地（P126参照）…全量

作り方

1 切る
チーズはそれぞれ適当な大きさに切る。

2 並べる
ピッツァ生地にオリーブオイルを塗り、チーズを
バランスよく広げてのせ、粗びき黒こしょうをし
っかりとふる。

3 焼く
190℃に予熱したオーブンで15〜20分ほど焼く。

POINT!

チーズをまんべんなく広げる

4種類のチーズがそれぞれ全体に広がるよ
うに、バランスを見ながらのせるのがコ
ツ。違う種類のチーズがとろけ合い、絶妙
な味わいになります。

野菜たっぷりフォカッチャ

色鮮やかな野菜を全面に敷き詰めた、ボリューム感のあるフォカッチャです。
見栄えがするので、おもてなしなどにも喜ばれます。

OVEN

200℃

25 - 30min.

材料(天板1枚分／4～6人分)

ズッキーニ…1本
パプリカ(赤・黄)…各½個
かぼちゃ…1/12個(150g)
ベーコン…80g
ローズマリーの葉…1枝分
粗塩…小さじ⅔
オリーブオイル…50～80㎖
フォカッチャ生地(P127参照)
　…全量

作り方

1 切る
ズッキーニは5㎜幅の輪切りにし、パプリカは縦に1㎝幅に切る。かぼちゃは2㎜幅に切る。ベーコンは7㎜幅に切る。

2 並べる
フォカッチャ生地に1を彩りよく並べ、オリーブオイルをかけ、ローズマリーの葉を散らし、粗塩をふる。

3 焼く
200℃に予熱したオーブンで25～30分ほど焼く。

POINT!

彩りよく野菜をのせる
たっぷりの野菜は、同じ野菜が1カ所にかたまらないように広げましょう。なるべく、向きをそろえるようにしながら、重ならないように並べるときれいです。

セミドライトマトと
ローズマリーのフォカッチャ

ふっくらとした生地に、セミドライトマトとブラックオリーブを入れ込んだ、シンプルなフォカッチャ。
やさしい塩けとローズマリーの風味で、さまざまな料理によく合います。

材料（天板１枚分／４〜６人分）

セミドライトマト…３個
ブラックオリーブ…３個
ローズマリーの葉…１枝分
粗塩…小さじ⅓
オリーブオイル…50〜80㎖
フォカッチャ生地（P127参照）
　…全量

作り方

1 切る
セミドライトマトは３
等分に切り、ブラック
オリーブは３等分の輪
切りにする。

2 並べる
フォカッチャ生地にオ
リーブオイルをかけ、
均一に９カ所穴を開け
る。穴に１を入れ込み、
粗塩をふり、ローズマ
リーの葉を散らす。

3 焼く
200℃に予熱したオー
ブンで25〜30分ほど
焼く。

―――― POINT! ――――

生地にオリーブオイルをかける

オリーブオイルは生地全体に、上からまん
べんなくかけましょう。

指で９カ所穴を開ける

生地に人差し指をさし込んで、縦と横に、
３カ所ずつの９カ所に穴を開けます。

トマトとオリーブを入れる

切ったセミドライトマトとオリーブを１
枚ずつ穴に入れ、指で少し押し込みます。

ローズマリーを全体に散らす

粗塩を全体にふったら、ローズマリーを
バランスよく散らします。

05

おみやげ、プレゼントにも♪
型いらずの簡単スイーツ

天板1枚さえあれば、型がなくてもお菓子作りが楽しめます。
クッキングシートを敷いてその上にお菓子の生地を流し込んで焼くだけ。
あとは粗熱をとって食べやすい大きさにカットすれば完成です。
ラッピングをかわいくすれば、プレゼントにも。

ベイクドチーズケーキ

フードプロセッサーを使って材料を混ぜ合わせ、天板に流して焼くだけ。
しっかりとした口当たりでレモンの風味がさわやかなチーズケーキです。

OVEN

170℃

- - - - - - - - -

40 - 50 min.

材料（天板1枚分）
【チーズ生地】
- クリームチーズ…660g
- サワークリーム…300g
- レモンの皮
  - （ノーワックス／すりおろし）
  - …1個分
- レモン汁…大さじ1
- 卵…4個
- 薄力粉…80g
- グラニュー糖…200g

【台】
- グラハムクラッカー…220g
- 溶かしバター（無塩）…80g

作り方

1 フードプロセッサーに台の材料を入れ、しっとりするまで攪拌し、クッキングシートを敷いた天板に、押しつけるように敷き詰める（**a**）。

2 フードプロセッサーにチーズ生地の材料の半量を入れ（**b**）、なめらかになるまで攪拌し、**1**にのせる。残りの半分も同様にかき混ぜてのせ、表面を平らにならす（**c**）。

3 170℃に予熱したオーブンで40〜50分、中心に竹串を刺して、液体がつかなくなるまで焼く（**d**）。粗熱がとれたら冷蔵庫で一晩冷やす。

WRAPPING IDEA

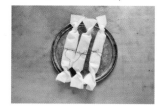

スティック状にカットしたチーズケーキを、クッキングシートでくるくる巻き、両端をねじってキャンディ包みに。ひもを巻き、リボン結びで仕上げて。

ブラウニー

ドライクランベリー、レーズンを入れて味わい深く焼き上げました。
濃厚な味わいで、ラム酒が香る、大人に喜ばれるチョコレートブラウニーです。

≡ OVEN ≡

170℃

- - - - - - - - - -

40 - 50min.

材料（天板1枚分）

ブラックチョコレート…400g
ドライクランベリー、レーズン
　…合わせて100g
A｜薄力粉…40g
　｜ベーキングパウダー…5g
　｜ココア…30g
溶かしバター（無塩）…200g
B｜卵…4個
　｜砂糖…140g
　｜ラム酒…大さじ1

作り方

1 ボウルに A を入れ、しっかりと混ぜ合わせる。

2 ブラックチョコレートを細かく割り、フードプロセッサーに入れ、攪拌する。アツアツの溶かしバターを加えて攪拌し、チョコレートを溶かす（a）。

3 2 に B を加えて攪拌し、1 を 3 回に分けて加え、なめらかになるまで混ぜる。

4 クッキングシートを敷いた天板に 3 の半量を流し込み、上にドライクランベリー、レーズンを敷き詰め、残りの 3 を流し込んで（b）表面を平らにならす。170℃に予熱したオーブンで40〜50分、中心に竹串を刺して液体がつかなくなるまで焼く（c）。完全に冷めてから食べやすい大きさに切る。

WRAPPING IDEA

アルミホイルとクッキングシートを重ねて同じ大きさに切り、食べやすくカットしたブラウニーをアルミホイル、クッキングシートの順で包みます。リボンを結んで完成。

フレンチトースト

OVEN

180℃

- - - - - - - - - - -

10 - 15min.

中まで味をしみ込ませたバゲットを、オーブンでカリッと焼き上げています。
バナナとくるみをのせて一緒に焼けば、いつもよりおしゃれなフレンチトーストに。

材料（天板1枚分）

バゲット…1本（250〜300g）
A｜卵…3個
　｜生クリーム…100㎖
　｜牛乳…100㎖
　｜ラム酒…大さじ1
　｜砂糖…大さじ2
　｜バニラオイル…少々
バナナ…2本
くるみ（刻む）…大さじ3
粉砂糖…大さじ3

トッピング
メープルシロップ…適量

作り方

1 ボウルにAを入れてよく混ぜる。

2 バゲットは厚みを半分に切って、4等分の長さに
切り、1に浸し、ときどき返しながら20分ほど
おく。バナナは5㎜幅の輪切りにする。

3 天板にクッキングシートを敷き、バゲットを並
べ、バナナ、くるみをのせ、粉砂糖をかける（a）。
180℃に予熱したオーブンで10〜15分焼く。

4 器に3を盛り、メープルシロップをかける。

a

ロールケーキ

生クリームはやわらかすぎると形が決まらないので、かために泡立てるのがポイントです。
お好みの厚さに切り分けて、おすそ分けしても。

≡ OVEN ≡

180℃

10 - 15min.

材料（天板1枚分）

A | 薄力粉… 50g
  | コーンスターチ… 10g
卵… 4個
グラニュー糖… 50g
白ごま油…大さじ1
バニラオイル…適宜

トッピング

生クリーム…100㎖
グラニュー糖… 大さじ½

作り方

1 Aはよく混ぜ合わせ、ふるう。

2 ボウルに卵、グラニュー糖を入れ、80℃くらいの湯を張った大きめのボウルに底をあて、湯煎しながら泡立てる。生地を落として形が残るくらいまで泡立てたら湯煎を外し、室温になるまでさらに泡立てる（**a**）。

3 2に1を3回に分けてふるい入れ、ゴムべらでさっくりと混ぜ、白ごま油、バニラオイルを加えて混ぜる（**b**）。

4 天板にクッキングシートを敷き、3を流し入れ（**c**）、180℃に予熱したオーブンで10〜15分ほど、中心に竹串を刺して、

液体がつかなくなるまで焼く（**d**）。

5 焼き上がったらケーキクーラーの上でひっくり返し（**e**）、粗熱がとれたら乾燥しないように清潔なポリ袋などで覆い、冷ます。時間があれば、そのまま半日おく。

6 5をクッキングシートからはがして、元のようにおく。グラニュー糖を加えて泡立てた生クリームを全面に塗り、手前からクッキングシートごと押すように巻く（**f**）。ケーキが乾燥しないようにクッキングシートで包み（**g**）、さらにラップで包む（**h**）。

7 冷蔵庫で1時間以上落ち着かせ、お好みの厚さに切る。

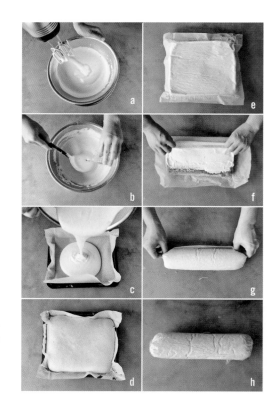

パーティーケーキ

丸いスポンジを２つ焼かなくても、天板に広げて焼いたスポンジが１枚あれば、
簡単に２段ケーキが作れます。パーティーにピッタリの見栄えのするケーキです。

≡ OVEN ≡
180℃

10min.

材料（天板1枚分）

薄力粉… 50g
コーンスターチ… 10g
卵… 4個
グラニュー糖… 50g
白ごま油… 大さじ1
バニラオイル… 適宜

トッピング

生クリーム… 400mℓ
グラニュー糖… 大さじ2
いちご… 10〜15個
チャービル… 少々
アラザン… 適量

作り方

1 ロールケーキの作り方（P146）**1**〜**5**と
同様にしてスポンジを焼いて冷ます。

2 いちごは5個を飾り用に縦半分に切り、
残りは縦に薄切りにする。生クリームは
グラニュー糖を加え泡立てる。

3 **1**の生地の端をカットして形を整え、さ
らに横に長く3cm幅に切る（**a**）。生クリ
ームの⅓量を生地の表面に塗り、それぞ
れいちごを一列ずつ並べ（**b**）、ひと切
れを端から巻き（**c**）、皿の中心にのせる。

4 残りのスポンジはひと切れ残して、**3**の
巻き終わりからつながるように、さらに
巻く（**d**）。残したひと切れは小さめの
円になるように別で巻き、**d**の上にのせ
2段にする（**e**）。

5 **4**の周りに残りの生クリームを塗り、飾
り用のいちごとチャービルを散らし、ア
ラザンをかける。

驚くほどやわらか、ジューシー！
肉×フルーツのおいしいレシピ

肉をやわらかくする働きがあるフルーツを合わせて、普段の肉をよりジューシーな仕上がりに。見た目もおしゃれな印象になるので、おもてなしにもおすすめです。

〓〓 OVEN 〓〓

180℃

30-40min

じっくり焼いたりんごの甘みが絶品です

豚肩ロースと
りんごのロースト

材料（天板1枚分／4～6人分）
豚肩ロースかたまり肉…800g
りんご…2個
A 溶かしバター…大さじ4
　バルサミコ酢…大さじ3
　しょうゆ…大さじ2
　にんにく（みじん切り）…2かけ分
　砂糖…大さじ1
塩…小さじ1
粗びき黒こしょう…適量

トッピング
イタリアンパセリ…適量

作り方

1 豚肉は1cm幅に切り、塩、粗びき黒こしょうをふり、なじませる。りんごは皮をよく洗い、皮つきのまま8等分に切り、ヘタと種を取り除く。

2 ボウルに1、Aを入れてよく和え、クッキングシートを敷いた天板に豚肉が重ならないように並べる。

3 180℃に予熱したオーブンで30～40分焼く。仕上げにイタリアンパセリを添える。

マスタードを加えて味に
アクセントをプラスして

鶏もも肉とレモン
のクリーム焼き

材料（天板1枚分／4〜6人分）
鶏もも肉…3枚（約900g）
レモン（ノーワックス）…1個
塩・粗びき黒こしょう…各適量
A 生クリーム…100㎖
　にんにく（みじん切り）…2かけ分
　粒マスタード…大さじ3
　水きりヨーグルト（右下参照）…50g

トッピング
クレソン…適量

作り方

1 鶏肉は厚さが均一になるように開いて3等分に切り、キッチンペーパーで包んで水けを取り、包丁の先で数カ所に切り込みを入れ、塩、粗びき黒こしょうをしっかりなじませる。レモンは5㎜幅の輪切りにする。

2 ボウルにA、1を入れてよく混ぜ、クッキングシートを敷いた天板に鶏肉の皮目を上にして並べる。ボウルに残ったAをかけ、レモンをのせる。

3 180℃に予熱したオーブンで25〜30分焼く。仕上げにクレソンを添える。

水きりヨーグルトの作り方
ボウルにザルをのせ、キッチンペーパーを敷き、プレーンヨーグルトをのせ、冷蔵庫で半日ほどおく。

OVEN

180℃

20-30min.

パイナップルのやさしい酸味が口いっぱいに

牛もも肉と
パイナップルのロースト

材料（天板1枚分／4～6人分）
牛ももステーキ用肉‥800g
パイナップル‥中½個
塩‥小さじ1
粗びき黒こしょう‥適量
A│オリーブオイル‥大さじ3
　│塩‥小さじ¼
　│こしょう‥適量
　│バルサミコ酢（半量に煮詰めたもの）
　│　‥大さじ2

トッピング
ピンクペッパー・ミント‥各適量

作り方

1　牛肉は食べやすい大きさに切り、塩、粗びき黒こしょうをしっかりなじませる。パイナップルは皮と芯を取り除き、縦8等分に切ってから、横半分に切る。

2　ボウルに1、Aを入れてよく和え、クッキングシートを敷いた天板に敷き詰める。

3　180℃に予熱したオーブンで20～30分焼く。仕上げにピンクペッパー、刻んだミントを散らす。

OVEN

180℃

30-35min.

さわやかなオレンジと甘いプルーンは相性抜群

鶏手羽元とオレンジと
プルーンのロースト

材料（天板1枚分／4〜6人分）

鶏手羽元…1kg（10〜12本）
オレンジ…2個
ドライプルーン（種なし）…12個
塩…小さじ1
粗びき黒こしょう…少々
A 溶かしバター…大さじ4
　　はちみつ…大さじ1
　　しょうゆ…大さじ2
　　クミンシード…小さじ1
　　イタリアンパセリの茎
　　　（みじん切り）…½パック分

トッピング

イタリアンパセリの
葉…½パック

作り方

1 鶏肉はキッチンペーパーで包んで水けを取る。裏側に一本切り目を入れ、塩、粗びき黒こしょうをなじませる。オレンジは皮をむき、1cm厚さの輪切りにする。ドライプルーンは指でつぶす。

2 ボウルに1、Aを入れ、よく混ぜ、クッキングシートを敷いた天板に鶏肉が重ならないように並べる。

3 180℃に予熱したオーブンで30〜35分焼く。仕上げにイタリアンパセリの葉を散らす。

Part

オーブンと鍋があれば。

煮込み料理は、手間と時間がかかり、面倒で難しそう…という
イメージはありませんか？ オーブン×鍋で作る煮込み料理なら、
材料を切って、鍋に入れて沸騰させたら、煮込みはそのまま
鍋ごとオーブンにおまかせ。煮込んでいる間にごはんを炊いたり、
サラダを作ったりなど、夕飯の用意もラクにできます。

天板

天板は、鋳物ホーロー鍋やダッチオーブン、土鍋がのる大きさがあればOK。ガスオーブン用でも電気オーブン用でも問題なく使用できます。

鋳物ホーロー鍋

オーブンで煮込み料理を作るなら、基本は鋳物ホーロー鍋。料理に合わせてラウンド型、オーバル型と使い分けるのもおすすめ。ほかにもダッチオーブンや土鍋などでもOKです。

01

煮込み時間15分からできる
毎日作りたい定番煮込み

煮込み料理は、おもてなしや特別な日だけに作る料理ではありません！
オーブン×鍋で作る煮込みなら、15〜20分での加熱でできる料理もたくさん！
忙しい毎日だからこそ、活用したい定番レシピを紹介します。

豚バラロールキャベツ

真ん中を切ると野菜の彩りがきれいな、ロールキャベツです。
白ワインの香るスープが豚肉とマッチした、やさしい味わいでほっとする一品です。

OVEN

180°C

- - - - - - - - - -

20min.

WAIT

15min.

材料（4人分）

豚バラしゃぶしゃぶ用肉…8枚
キャベツ（大きめの葉）…4枚
にんじん…½本
さやいんげん…8本
えのきだけ…½袋
塩・こしょう…各適量
A | 白ワイン…50㎖
   | ローリエ…1枚
   | 塩…小さじ½

作り方

1 材料を準備する
キャベツは芯をそいでラップに包み、電子レンジ
で3分加熱し、粗熱を取る。にんじんはせん切り
にし、さやいんげんはヘタを取り除き、半分に切
る。えのきだけは根元を切り落とす。キャベツ1
枚の上に豚肉2枚を広げてのせ、塩、こしょう各
少々をふる。さらににんじん、さやいんげん、え
のきだけを¼量のせ、両端をたたんでくるくると
巻いて包む。同様に3つ作る。

2 沸騰させる
鍋に1を巻き終わりを下にして入れ、ひたひたの
水（約600㎖）、**A**を加えて火にかける。沸騰したら、
クッキングシートで落としぶたをしてから鍋のふ
たをする。

3 鍋ごとオーブンへ
天板に2の鍋をのせ、180℃に予熱したオーブンで
20分加熱する。そのまま15分ほどおき、塩、こし
ょうで味をととのえる。

POINT!

しゃぶしゃぶ用の豚肉と
野菜でさっぱりと

ひき肉ではなく、しゃぶしゃぶ
用の豚肉を使えば、あっさりと
軽い仕上がりのロールキャベツ
に。一緒に野菜を巻けば、栄養
バランスもよくヘルシー。季節
を問わず、おすすめです。

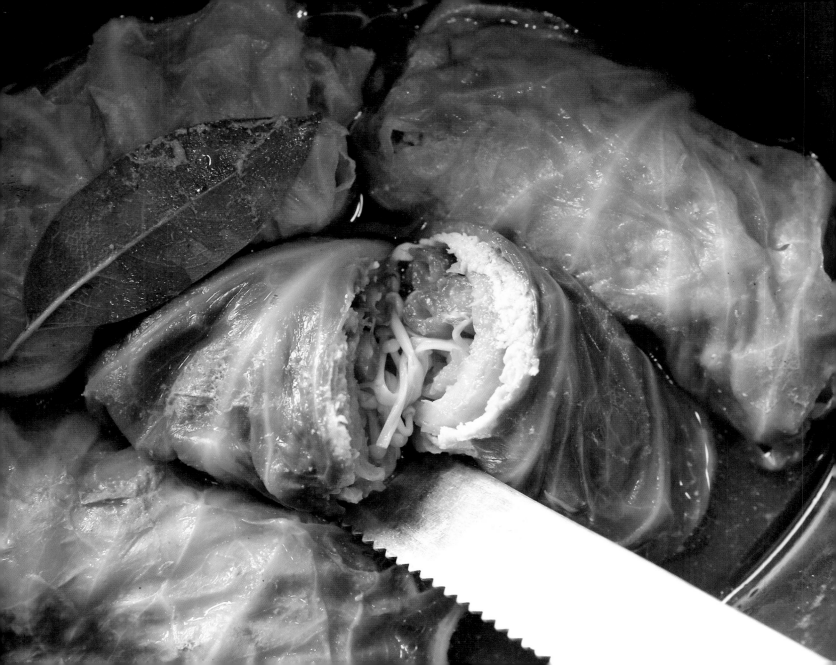

肉じゃが

煮物の定番肉じゃがも、材料を大きく切って鋳物ホーロー鍋で煮込めば、おしゃれな印象に。
加熱後の保温で味がよくしみ込み、ほくほくのじゃがいもと、玉ねぎの甘みがたまりません。

OVEN

180℃

20min.

WAIT

15min.

材料（4人分）

牛切り落とし肉…250g
じゃがいも…4個
にんじん…1本
玉ねぎ…1個
絹さや…8枚
酒…大さじ2
だし汁…適量（500〜600㎖）
A ｜ しょうゆ…大さじ3
　｜ 砂糖・みりん…各大さじ2
サラダ油…大さじ½

作り方

1 **材料を準備する**
牛肉は大きければ半分に切る。じゃがいもは半分
に切り、にんじんは乱切りにする。玉ねぎは下を
つなげた状態で、8等分のくし形切りにする。絹
さやはヘタと筋を取り除き、塩ゆでしておく。

2 **沸騰させる**
鍋にサラダ油を熱し、牛肉を炒め、にんじん、じ
ゃがいもを加えてよく炒め、酒、玉ねぎ、ひたひ
たのだし汁、**A**を加える。沸騰したら、クッキン
グシートで落としぶたをしてから鍋のふたをする。

3 **鍋ごとオーブンへ**
天板に**2**の鍋をのせ、180℃に予熱したオーブンで
20分加熱する。そのまま15分ほどおき、絹さやを
加える。

POINT!

絹さやは
最後に加える

全体が茶色くなりがちな肉じゃ
がですが、絹さやを塩ゆでして
おき、最後に加えることで、鮮
やかな緑色がきれいに残り、ぱ
っと明るく、彩りがよい印象に
なります。

ぶり大根

ごはんにもお酒にもよく合うぶり大根。ぶりのうまみと甘じょっぱい煮汁が、
大根によくしみ込んで、シンプルな材料ながらも深い味わいの一品です。

材料（4人分）

ぶり（あら）…300〜400g
大根…²⁄₃本
しょうが…½かけ
A ┃ しょうゆ・砂糖…各大さじ3
　　┃ 酒・みりん…各大さじ2
サラダ油…大さじ1

作り方

1 材料を準備する
ぶりは熱湯を回しかけ、きれいに洗い、水けを拭
き取る。大根は皮を厚めにむき、大きめの乱切り
にする。しょうがは皮をきれいに洗い、薄切りに
する。

2 沸騰させる
鍋にサラダ油、しょうがを熱し、大根を入れてま
わりが透き通るくらいまで炒め、ぶり、ひたひ
たの水（500〜600ml）、**A** を加える。沸騰したら、
クッキングシートで落としぶたをしてから鍋のふ
たをする。

3 鍋ごとオーブンへ
天板に **2** の鍋をのせ、180℃に予熱したオーブン
で30分加熱する。そのまま30分ほどおく。

OVEN
180℃

30min.

▼

WAIT

30min.

POINT!

**しっかり下処理して
ぶりのくさみを取る**

ぶりのあらはクセとくさみがあ
るので、必ず下処理をしてから
調理を。そうすることでくさみ
が気にならずに、おいしくいた
だけます。しょうがはくさみを
消し、風味をよくしてくれます。

ポトフ

大きく切った野菜の甘みと、3種のお肉のうまみが溶け込んだごちそうスープです。
味つけは塩、こしょう、ローリエだけととってもシンプル。具材のハーモニーを堪能して。

材料（4人分）

豚肩ロースかたまり肉…600g
ブロックベーコン…100g
ソーセージ（長いもの）…4本
じゃがいも…中2個
にんじん…1本
玉ねぎ…大2個
キャベツ…¼個
セロリ…1本
塩・粗びき黒こしょう…各適量
ローリエ…1枚

前日の下準備

豚肉は4等分に切り、塩小さ
じ1、粗びき黒こしょう適量
をすり込んでおく。

作り方

1　材料を準備する
ベーコンは2cm幅、じゃがいもは半分、にんじん
は1.5cm幅に切る。玉ねぎは下をつなげた状態で、
4等分のくし形切りにする。キャベツは芯をつけ
たまま縦横4等分に切る。セロリは筋がかたかっ
たらピーラーでむき、4等分の長さに切る。

2　沸騰させる
鍋に豚肉、ローリエ、かぶるくらいの水（700〜
800mℓ）を入れ、火にかけて沸騰させ、アクを取る。
1、ソーセージ、塩小さじ½を加え、さらに水を
かぶるくらいまで足し、再沸騰したら、クッキン
グシートで落としぶたをしてから鍋のふたをする。

3　鍋ごとオーブンへ
天板に2の鍋をのせ、170℃に予熱したオーブン
で30分加熱する。そのまま10分ほどおき、塩、粗
びき黒こしょう各少々で味をととのえる。

OVEN

170℃

30min.

WAIT

10min.

POINT!

**具材はゴロッと
大きく切る**

オーブンでポトフを煮込むとき
は、野菜を大きめに切るのが◎。
煮崩れしにくくなり、噛むたび
に野菜の甘みやうまみを楽しめ
ます。ゴロッと入ったお肉で満
足感もアップ。

煮込みハンバーグ

牛ひき肉と細切りにした豚肉を合わせることで、しっかりと肉のうまみを感じることのできる
ハンバーグに。味わい深いソースがよくしみ込んだアツアツを召し上がれ。

OVEN

180℃

- - - - - - - - -

30min.

WAIT

10min.

材料（4人分）

A 牛ひき肉…200g
　　豚肩ロース切り落とし肉
　　　（5mm幅の細切り）…200g
　　パン粉…½カップ
　　卵…1個
　　玉ねぎ（みじん切り）…¼個分
　　セロリの葉（みじん切り）
　　　…½本分
　　塩…小さじ⅓
　　こしょう・ナツメグ…各少々
玉ねぎ…¼個
セロリ…¼本
にんにく…1かけ
ブラックオリーブ（種なし）
　　…8〜10個
白ワイン…100㎖
B ウスターソース…大さじ3
　　ホールトマト缶…½缶
　　塩…小さじ½
塩・粗びき黒こしょう…各少々
サラダ油…大さじ1½

作り方

1 材料を準備する
ボウルに**A**を入れてよくこね、4等分にし、空気
を抜くように丸く形をととのえ、ハンバーグダネ
を作る。玉ねぎ、セロリ、にんにくはみじん切り
にする。

2 沸騰させる
鍋にサラダ油を熱し、**1**のハンバーグダネを両面
色よく焼き、一度取り出す。同じ鍋に玉ねぎ、セ
ロリ、にんにくを入れてよく炒め、白ワインを加え、
沸騰したら水100㎖、**B**を加える。再沸騰したらハ
ンバーグを戻し入れ、オリーブを加え、クッキン
グシートで落としぶたをしてから鍋のふたをする。

3 鍋ごとオーブンへ
天板に**2**の鍋をのせ、180℃に予熱したオーブンで
30分加熱する。そのまま10分ほどおき、塩、粗び
き黒こしょうで味をととのえる。お好みでみじん
切りにしたパセリを散らしてもよい。

POINT!

**肉ダネは練るように
しっかりとこねる**

ハンバーグダネをしっかりこね
ることで、焼いたときに肉汁が
閉じ込められやすく、ジューシ
ーに。ハンバーグの肉汁が出た
油で野菜を炒めれば、うまみを
逃すことなく調理できます。

ごはんにかける煮込み料理

ごはんが進む、みんなの人気メニュー

トマトハヤシライス

材料（4人分）

豚肩ロースしゃぶしゃぶ用肉…300g
玉ねぎ…2個
ミニトマト…10個
にんにく（薄切り）…1かけ分
薄力粉…大さじ2
A｜ホールトマト缶…1缶
　｜トマトケチャップ…大さじ3
　｜塩…小さじ½
塩・粗びき黒こしょう…各適量
バター…大さじ2
ごはん…茶わん4杯分

作り方

1 豚肉は塩小さじ½、こしょう少々、薄力粉大さじ2をまぶす。玉ねぎは1cm幅のくし形切りにする。ミニトマトは4等分に切る。

2 鍋にバター、にんにくを熱し、豚肉を入れて炒め、玉ねぎを加えて炒める。A、ひたひたの水（約100㎖）、ミニトマトを加え、沸騰したらクッキングシートで落としぶたをしてから鍋のふたをする。

3 天板に2の鍋をのせ、180℃に予熱したオーブンで30分加熱する。塩、こしょう各少々で味をととのえ、ごはんとともに器に盛る。

きのこのコクと生クリームのうまみが美味

きのこたっぷり
ビーフストロガノフ

OVEN	180℃
20min.	
WAIT	10min.

ごはんに合う煮込み料理があれば
それだけで満足できて手軽です。
白いごはんでも雑穀米でも、
お好みのものを合わせて召し上がれ。

材料（4人分）

牛肩ロース切り落とし肉…300ｇ
玉ねぎ…1個
しめじ・エリンギ…各1パック
塩・粗びき黒こしょう…各適量
薄力粉…大さじ2
白ワイン…100mℓ
A ｜ トマトケチャップ…大さじ3
　　｜ ホールトマト缶…½缶
　　｜ 生クリーム…200mℓ
　　｜ 中濃ソース…大さじ2
　　｜ 塩…小さじ⅔
サワークリーム…100ｇ
バター…大さじ2
ごはん…茶わん4杯分
パセリ（みじん切り）…適量

作り方

1 牛肉は塩小さじ½、粗びき黒こしょう少々で下味をつけ、薄力粉をまぶす。玉ねぎは薄切りにする。しめじは石づきを切り落として大きめにほぐす。エリンギは食べやすい大きさに切る。

2 鍋にバターを熱し、牛肉を入れて炒め、玉ねぎ、しめじ、エリンギを加えて炒める。白ワインを加えて沸騰したら、**A**、ひたひたの水（約100mℓ）を順に加え、再沸騰したら、落としぶたをしてから鍋のふたをする。

3 天板に**2**の鍋をのせ、180℃に予熱したオーブンで20分加熱する。そのまま10分ほどおき、サワークリームを加え、塩、粗びき黒こしょう各少々で味をととのえ、器に盛る。別の器にごはんを盛り、パセリを散らす。ごはんにかけていただく。

材料（4人分）

牛ひき肉…300g
玉ねぎ（みじん切り）…1個分
にんにく（みじん切り）…2かけ分
しょうが（みじん切り）…1かけ分
セロリの茎（みじん切り）…½本分
セロリの葉（みじん切り）…大さじ3
トマト（ざく切り）…小4個分
A マスタードシード…大さじ½（あれば）
　 クミンシード…小さじ1
B パプリカパウダー・ターメリック
　　…各大さじ1
　 ガラムマサラ…大さじ½
　 ひよこ豆（水煮）…200g
　 ココナッツミルク…100mℓ
　 塩…小さじ1
塩・粗びき黒こしょう…各少々
サラダ油…大さじ1
ターメリックライス…茶わん4杯分
ミント…適量

作り方

1 鍋にサラダ油、**A**を熱し、にんにく、しょうがを入れて炒め、玉ねぎ、セロリの茎と葉を加えて炒める。しんなりしたら、ひき肉を加えて炒め、**B**、ひたひたの水（約200mℓ）を順に加える。沸騰したら、クッキングシートで落としぶたをしてから鍋のふたをする。

2 天板に**1**の鍋をのせ、180℃に予熱したオーブンで30分加熱する。トマトを加えて和え、塩、粗びき黒こしょうで味をととのえる。器にターメリックライスとともに盛り、刻んだミントを散らす。

後入れのトマトがフレッシュ！

牛ひき肉とトマトの
インド風煮込み

OVEN
180℃
30min.

ターメリックライスの作り方
米2合にターメリックパウダー小さじ1、塩少々を加えてふつうの水加減で炊飯し、炊き上がりにバター10gを加えて混ぜる。

スパイスをきかせたインドの蒸し煮

じゃがいもといんげんと ひよこ豆のサブジ

材料（4人分）

じゃがいも…中3個
玉ねぎ…½個
さやいんげん…10本
にんにく（みじん切り）…2かけ分
ひよこ豆（水煮）…200g
A 赤唐辛子（種は取り除く）…1本分
クミンシード…小さじ1
マスタードシード…小さじ1（あれば）
B カレー粉…大さじ1
ウスターソース…大さじ2
塩…小さじ½
塩・こしょう…各少々
サラダ油…大さじ1
雑穀ごはん…茶わん4杯分

作り方

1 じゃがいもは1.5cm角に切り、玉ねぎは薄切りにする。さやいんげんはヘタを取り除き、1.5cm幅に切る。

2 鍋にサラダ油と**A**を熱し、にんにく、玉ねぎ、じゃがいも、さやいんげん、ひよこ豆を順に加えて炒める。**B**、ひたひたの水（150〜200ml）を順に加え、沸騰したら、クッキングシートで落としぶたをしてから鍋のふたをする。

3 天板に**2**の鍋をのせ、170℃に予熱したオーブンで20分加熱する。そのまま10分ほどおき、塩、こしょうで味をととのえる。器に雑穀ごはんとともに盛る。

OVEN
170℃
20min.
WAIT
10min.

材料（4人分）

鶏もも肉…2枚（約600g）
冬瓜…⅛個（400g）
パプリカ（黄／1.5cm角切り）…1個分
青唐辛子（輪切り）…5〜6本分
しょうが（みじん切り）…½かけ分
にんにく（みじん切り）…2かけ分
塩…小さじ½
粗びき黒こしょう…少々
薄力粉…大さじ1
A ┃ ココナッツミルク…400mℓ
　 ┃ ナンプラー…大さじ2
B ┃ 塩…小さじ½
　 ┃ バイマックル（こぶみかんの葉）
　 ┃ 　…4枚（あれば）
バジル…適量
サラダ油…大さじ1
タイ米ごはん…茶わん4杯分

作り方

1 鶏肉はキッチンペーパーで包み、余分な水けを取り、ひと口大に切り、塩、粗びき黒こしょう、薄力粉をまぶす。冬瓜はスライサーで薄く皮をむき、種を取り除き、ひと口大に切る。

2 鍋にサラダ油、しょうが、にんにくを入れて火にかけて炒め、香りが出たら鶏肉を皮目から焼き、冬瓜、パプリカ、青唐辛子を加えて炒める。A、ひたひたの水（約200mℓ）、Bを順に加え、沸騰したら、クッキングシートで落としぶたをしてから鍋のふたをする。

3 天板に2の鍋をのせ、180℃に予熱したオーブンで20分加熱する。そのまま10分ほどおき、器に盛り、バジルをのせる。タイ米ごはんは別の器に盛る。

冬瓜とココナッツミルクがよく合う一品

鶏もも肉と冬瓜の
エスニック煮込み

OVEN
180℃

20min.

WAIT

10min.

OVEN
180℃
40min.
WAIT
10min.

ドライトマトとレーズンで深い味わいに

ラム肉の
モロッコ風煮込み

材料（4人分）

ラム肩ロース肉…500g
玉ねぎ…1個
しょうが（みじん切り）…1かけ分
にんにく（みじん切り）…2かけ分
ドライトマト…20g
レーズン…大さじ2
薄力粉…大さじ2

A
クミンパウダー・コリアンダーパウダー
　　…各小さじ1
シナモンパウダー…小さじ½
パプリカパウダー…大さじ½
塩・チリパウダー…各小さじ½

サラダ油…大さじ1
塩…適量
こしょう…少々
パクチー…適量
ターメリックライス（P170参照）…茶わん4杯分

作り方

1 ラム肉はひと口大に切り、塩小さじ½、クミンパウダー、コリアンダーパウダーをふり、薄力粉をしっかりまぶす。玉ねぎは1cm幅のくし形切りにする。

2 鍋にサラダ油、しょうが、にんにくを熱し、ラム肉を入れて焼き、玉ねぎ、ドライトマト、レーズン、ひたひたの水（300〜400㎖）、Aを順に加える。沸騰したら、クッキングシートで落としぶたをしてから鍋のふたをする。

3 天板に2の鍋をのせ、180℃に予熱したオーブンで40分加熱する。そのまま10分ほどおき、塩少々、こしょうで味をととのえる。器に盛り、パクチーをのせ、ターメリックライスを添える。

02

時間をかけて煮込むからおいしい。
とっておきの日のじっくり煮込み

煮込み料理といえば、じっくり手をかけて作るからこそ、
極上のおいしさを味わうことができるというもの。
人が集まるときなどのおもてなしには、
いつもより時間をかけてとっておきの煮込み料理を作りましょう。

牛すね肉の赤ワイン煮

赤ワインに一晩漬け込んでからオーブンでじっくり煮込んだすね肉は、
ほろっとやわらかな口当たりに。クリスマスなどのごちそうにもピッタリです。

OVEN

170℃

90min.

WAIT

30min.

材料（4人分）

牛すねかたまり肉…800g
玉ねぎ…1個
セロリ…1本
塩・粗びき黒こしょう…各適量
薄力粉…大さじ1½
A ┃ トマトピューレ…大さじ2
　 ┃ 塩…小さじ½
バター…大さじ2
サラダ油…大さじ1
【漬け汁】
　┃ 赤ワイン…500mℓ
　┃ ローリエ…1枚
　┃ にんにく…2かけ

前日の下準備

牛肉は8等分に切り、玉ねぎ
の皮、セロリの葉、芽を取り
除いてつぶしたにんにく、ロ
ーリエと一緒に赤ワインに漬
ける。

作り方

1 **材料を準備する**

下準備をした牛肉の汁けをきり、キッチンペーパ
ーで余分な水けを拭き取り、塩小さじ1、粗びき
黒こしょう、薄力粉をまぶす。漬け汁はとってお
く。玉ねぎ、セロリの茎はみじん切りにする。

2 **沸騰させる**

鍋にサラダ油を熱し、牛肉を入れて焼く。両面に
しっかり焼き色がついたら、玉ねぎ、セロリを加
えてさらに炒め、漬け汁を濾して加え、A、かぶ
るくらいの水（300～400mℓ）を加える。アクを取
りながら沸騰させ、クッキングシートで落としぶ
たをしてから鍋のふたをする。

3 **鍋ごとオーブンへ**

天板に2の鍋をのせ、170℃に予熱したオーブンで
1時間30分加熱する。そのまま30分ほどおき、塩、
粗びき黒こしょう各少々で味をととのえ、バター
を加える。

＊鍋をオーブンに入れて30分したら、いったん扉
を開け、やけどしないように注意しながら、別に
用意した玉ねぎを丸ごと天板において一緒に焼き、
写真のように付け合わせにしてもよい。

POINT!

**すね肉は野菜と一緒に
赤ワインに漬ける**

牛すね肉を玉ねぎの皮、セロリ、
にんにく、ローリエと一緒に一
晩かけて赤ワインに漬け込むこ
とで、くさみを抑えることがで
き、風味と味わい深さがいっそ
う増します。

大きな肉団子と
白菜の中華風煮込み

刻んだザーサイが入った大きい肉団子は、これだけで食べ応え十分。
肉団子と3種類のきのこのうまみ、甘辛いスープを、白菜と春雨が存分に吸って美味。

OVEN

170℃

- - - - - - - - - -

30min.

WAIT

10min.

材料（4人分）

A 豚赤身ひき肉…200g
　　豚バラ薄切り肉…100g
　　ザーサイ…大さじ3
　　長ねぎ…1本
　　にんにく…1かけ
　　しょうが…½かけ
　　酒…大さじ1
　　パン粉…½カップ
白菜…⅙個
まいたけ・しめじ・しいたけ
　　…各½パック
春雨（乾燥）…100g
B 鶏がらスープの素…大さじ1
　　しょうゆ…大さじ2
　　紹興酒…100㎖
　　砂糖…大さじ1
塩・粗びき黒こしょう…各少々
ごま油…大さじ½〜1

作り方

1 材料を準備する
　Aの豚バラ肉は5㎜幅に切り、ザーサイは粗みじん切りにする。長ねぎ、にんにく、しょうがはみじん切りにする。ボウルにAを入れてよく混ぜ、4等分にし、大きな団子状に丸める。白菜は横3等分に切って細切りにする。まいたけは大きめにほぐし、しめじは石づきを切り落として大きめにほぐす。しいたけは軸を切り落とし、4等分に切る。

2 沸騰させる
　鍋に半量の白菜、春雨、残りの白菜、きのこ、Bの順に入れ、1の肉団子をのせ、肉団子が半分かぶるくらいの水（約600㎖）を加えて火にかけ、沸騰したら、クッキングシートで落としぶたをしてから鍋のふたをする。

3 鍋ごとオーブンへ
　天板に2の鍋をのせ、170℃に予熱したオーブンで30分加熱する。そのまま10分ほどおき、塩、粗びき黒こしょうで味をととのえ、ごま油を回しかける。

POINT!

**大きな肉団子で
見栄えをアップ**

ひき肉に、細かく切ったバラ肉を加えて、食感と食べ応えを出した大きな肉団子は、ボリューム感があり、ごちそう料理にぴったり。肉団子は多めに作って、冷凍保存しておいても便利です。

いわしとパプリカの
スペイン風煮込み

トマトと2色のパプリカ、仕上げに散らすパセリの彩りで、
テーブルがパッと明るくなる一品です。トマトの風味でさわやかにいただけます。

OVEN

170℃

30min.

WAIT

15min.

材料（4人分）

いわし…8尾
パプリカ（赤・黄）…各½個
玉ねぎ…1個
トマト…小3個
にんにく…2かけ
塩…適量
A｜トマトペースト…大さじ1
　｜ブラックオリーブ（種無し）
　｜　…10個
　｜ローリエ…1枚
　｜白ワイン…100㎖
　｜パプリカパウダー…大さじ1
　｜塩…小さじ½
　｜サフラン…ひとつまみ
オリーブオイル…大さじ1½
パセリ（粗みじん切り）…少々

作り方

1 材料を準備する
いわしは頭とワタを取り除き、洗って水けを拭き
取る。パプリカ、玉ねぎは5㎜幅の細切りにする。
トマトは小さめの乱切りにする。にんにくは芽が
あったらを取り除き、つぶす。

2 沸騰させる
鍋にオリーブオイル大さじ1、にんにくを熱し、
玉ねぎ、パプリカ、塩小さじ⅓を加えて炒める。
しんなりしたら、鍋底に平たく広げ、いわしをの
せ、**A**、ひたひたより少なめの水（約100㎖）を
順に加える。沸騰したら、クッキングシートで落
としぶたをしてから鍋のふたをする。

3 鍋ごとオーブンへ
天板に**2**の鍋をのせ、170℃に予熱したオーブンで
30分加熱する。そのまま15分ほどおき、トマトを
のせて混ぜ、パセリを散らし、オリーブオイル大
さじ½を回しかける。

POINT!

**いわしは下処理で
くさみを取る**

いわしはワタを取ってからきれ
いに洗うことで、生ぐささを取
り除くことができます。いわし
と、彩りのよい野菜を使った、
栄養たっぷりで、見た目もきれ
いな一品です。

スペアリブと
れんこんのバルサミコ煮

うまみたっぷりのスペアリブにバルサミコ酢と赤ワインを加えて、
ほろりと骨から肉がはずれるくらい煮込みました。やわらかい酸味が口いっぱいに広がります。

OVEN

180℃

30min.

WAIT

15min.

材料（4人分）

スペアリブ（長めのもの）…8本（1kg）
れんこん…2節（400g）
にんにく…2かけ
プルーン…8個
塩・粗びき黒こしょう…各適量
薄力粉…大さじ2
A | 赤ワイン…50㎖
　 | バルサミコ酢・しょうゆ
　 | …各大さじ3
バター…大さじ2
クレソン…適量
サラダ油…大さじ1

作り方

1 材料を準備する
スペアリブは塩小さじ1、粗びき黒こしょう少々
をしっかりなじませ、薄力粉をまぶす。れんこん
は皮をきれいに洗い、縦4〜6等分に切る。にん
にくは芽があったら取り除き、つぶす。

2 沸騰させる
鍋にサラダ油、にんにくを熱し、スペアリブを入
れて両面焼きつける。れんこんを加えて炒め、プ
ルーン、**A**、ひたひたの水（約200㎖）を加える。
沸騰したら、クッキングシートで落としぶたをし
てから鍋のふたをする。

3 鍋ごとオーブンへ
天板に**2**の鍋をのせ、180℃に予熱したオーブンで
30分加熱する。そのまま15分ほどおき、塩、粗び
き黒こしょう各少々、バターを加えてよく混ぜ、刻
んだクレソンをのせる。

POINT!

**お酢で煮込んで
肉をやわらかく**

バルサミコ酢を加えて煮込むこ
とで、スペアリブがやわらかく
仕上がります。れんこんのしっ
かりとした歯応えと、やわらか
なスペアリブの食感の違いを楽
しめます。

丸鶏の参鶏湯

サムゲタン

冬は体が温まり、夏は暑さで疲れた体を元気にしてくれる、一年中楽しめる韓国料理です。
特別な日や友人を招いたときなどにも、とっても喜ばれます。

材料（4人分）

丸鶏（小）…700g
朝鮮人参…1本
長ねぎ…1本
しょうが…1かけ
にんにく…2かけ
もち米…½カップ
なつめ…4個
A クコの実…大さじ1
　　塩…小さじ1
　　甘栗…5個
塩…少々
白すりごま…大さじ1〜2

作り方

1 材料を準備する
もち米は30分ほど水に浸ける。朝鮮人参は斜め薄切りにする。丸鶏は腹の中をきれいに洗い、もち米、半量のなつめ、半量の朝鮮人参を詰め、竹串で留める。長ねぎは青い部分と白い部分で切り分け、青いところは2cm幅に切り、白いところは白髪ねぎにする。しょうがは薄切りにし、にんにくは芽があれば取り除き、つぶす。

2 沸騰させる
鍋に具を詰めた丸鶏、長ねぎの青いところ、しょうが、にんにく、残りのなつめと朝鮮人参、**A**を入れ、ひたひたより2cm以上多めの水（約800㎖）を加え、火にかける。アクを取りながら沸騰させ、クッキングシートで落としぶたをしてから鍋のふたをする。

3 鍋ごとオーブンへ
天板に**2**の鍋をのせ、170℃に予熱したオーブンで1時間加熱する。そのまま30分ほどおき、塩で味をととのえ、白すりごまをかけ、白髪ねぎを添える。

POINT!

**丸鶏を使った
本格的な参鶏湯**

丸鶏を使っているので見栄えもよく、おもてなしにもおすすめです。朝鮮人参は、韓国の食材店やインターネットなどで買うことができるので、ぜひ本格的に作ってみて。

オイルを注いでオーブンに入れるだけ！
コンフィ

OVEN
90℃

120min.

WAIT

30min.〜

やわらかな豚肉にハーブの香りが広がる
豚肩ロースの
コンフィ

材料（4人分）
豚肩ロースかたまり肉…600g
塩…小さじ1
粗びき黒こしょう…適量
A｜にんにく（つぶす）…1かけ分
　｜ローズマリー…3枝
　｜クローブ…5個
　｜ローリエ…1枚
オリーブオイル…適量

作り方

1 豚肉は4等分に切り、塩、粗びき黒こしょうをふってなじませ、保存袋に入れる。**A**を加えて空気を抜き、口を閉じて、冷蔵庫に一晩おく。

2 鍋に**1**を移し入れ、ひたひたのオリーブオイルを加え、クッキングシートで落としぶたをしてから鍋のふたをする。

3 天板に**2**の鍋をのせ、90℃に予熱したオーブンで2時間加熱する。そのまま常温になるまで30分以上おく。

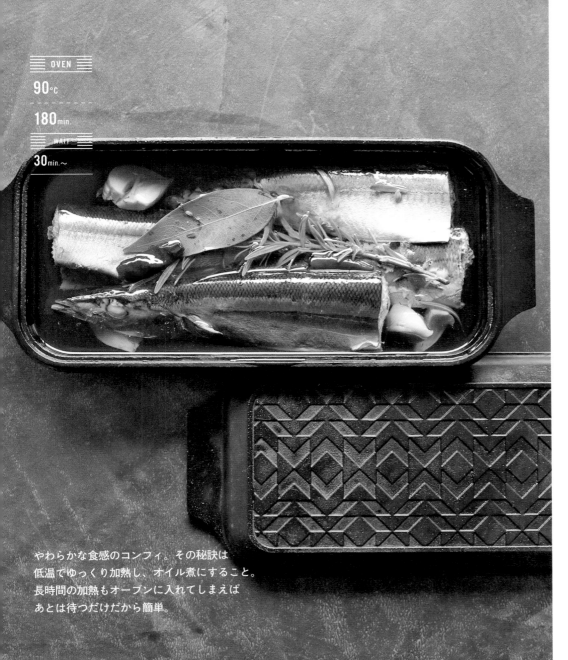

やわらかな食感のコンフィ。その秘訣は
低温でゆっくり加熱し、オイル煮にすること。
長時間の加熱もオーブンに入れてしまえば
あとは待つだけだから簡単。

そのままでも、パスタなどに合わせても

さんまのコンフィ

材料（4人分）
さんま…4尾
にんにく…1かけ
ローズマリー…3枝
コリアンダーシード（ホール）
　…15粒くらい
ローリエ…2枚
赤唐辛子
　（半分に切って種は取り除く）…2本分
オリーブオイル…適量
塩…適量

作り方

1 さんまは内臓を取り除いて2等分に切り、塩をふり、冷蔵庫で1時間ほど休ませ、余分な水けをキッチンペーパーで拭き取る。にんにくは半分に切り芽があったら取り除いてつぶす。

2 鍋にローズマリーを重ならないように入れ、さんまをのせ、コリアンダーシード、ローリエ、にんにく、赤唐辛子、ひたひたのオリーブオイルを順に加える。クッキングシートで落としぶたをしてから鍋のふたをする。

3 天板に2の鍋をのせ、90℃に予熱したオーブンで3時間加熱する。そのまま常温になるまで30分以上おく。

コリコリの食感の砂肝も、やわらかに!

砂肝のコンフィ

材料（4人分）

鶏砂肝…500〜600g
にんにく…2かけ
しょうが…1かけ
長ねぎ（青いところ）…2本分
赤唐辛子（半分に切って種は取り除く）
　　…1本分
A｜八角…1個
　｜クローブ…10〜15粒
　｜粒黒こしょう…5〜6粒
塩…小さじ2
粗びき黒こしょう…適量
オリーブオイル…適量

作り方

1 にんにくは芽があれば取り除いてつぶし、しょうがは薄切りにする。砂肝は身の厚いほうに包丁で切り目を入れて開き、表の白い筋を切り取り、塩、粗びき黒こしょうをふってなじませ、ボウルに入れる。長ねぎ、にんにく、しょうがを加えてラップをし、冷蔵庫に一晩おく。

2 鍋に1、赤唐辛子、A、ひたひたのオリーブオイルを加え、クッキングシートで落としぶたをしてから鍋のふたをする。

3 天板に2の鍋をのせ、90℃に予熱したオーブンで3時間加熱する。そのまま常温になるまで30分以上おく。

OVEN
90℃

180min.

WAIT

30min.〜

ワインや日本酒、ビールにも合う一品

牡蠣のコンフィ

材料（4人分）

生牡蠣（加熱用）…20〜30粒
白ワイン…200ml
A　しょうが（薄切り）…1かけ分
　　レモングラス…6本
　　花椒…10粒
　　八角…1個
　　粒黒こしょう…10粒
　　赤唐辛子
　　　（半分に切って種は取り除く）…1本分
塩…小さじ½
オリーブオイル…適量

作り方

1 牡蠣は3%の塩水で2回水を替えながらふり洗いをして、キッチンペーパーで水けをしっかり拭き取る。ボウルに入れ、かぶるくらいの白ワインを加えて混ぜ合わせ、ラップをして冷蔵庫に一晩おく。

2 1の水けをキッチンペーパーで拭き取り、塩小さじ½をふる。鍋に入れ、ひたひたのオリーブオイル、Aを加え、クッキングシートで落としぶたをしてから鍋のふたをする。

3 天板に2の鍋をのせ、100℃に予熱したオーブンで1時間30分加熱する。そのまま常温になるまで30分以上おく。

03

家族みんなが大好きな
アツアツ、トロトロ
シチュー＆カレー

寒い冬にこそ食べたくなるアツアツのシチューは、家族みんなに大人気。
とくにオーブンで煮込むシチューは、格別なおいしさです。
また、カレーもオーブンで煮込めば、グッと本格的な仕上がりに。

グラーシュ（ハンガリー風シチュー）

牛肉と玉ねぎ、じゃがいも、パプリカなどを煮込んだ、ハンガリーではなじみの深い
シチューです。トマトベースの濃厚な味わいで、ごはんとの相性も抜群です。

OVEN
180℃

30min.

⬇

WAIT

20min.

材料（4人分）

牛切り落とし肉…400g
塩…小さじ½
粗びき黒こしょう…適量
薄力粉…大さじ2
玉ねぎ…½個
セロリ…½本
にんじん…1本
じゃがいも…中2個
パプリカ…1個
トマト…中2個
にんにく…2かけ
A｜塩…小さじ⅓
　｜トマトピューレ…100㎖
　｜ナツメグ…少々
　｜ビール…300〜350㎖
　｜パプリカパウダー…大さじ2
塩・粗びき黒こしょう…各少々
サラダ油…大さじ1

作り方

1 材料を準備する

牛肉は塩、粗びき黒こしょう、薄力粉をしっかり
まぶす。玉ねぎ、セロリは粗みじん切りにする。
にんじん、じゃがいも、パプリカ、トマトは1.5
cm角に切る。にんにくは芽があれば取り除き、み
じん切りにする。

2 沸騰させる

鍋にサラダ油を熱し、にんにく、セロリ、玉ねぎ
を炒め、牛肉を加えて炒める。色が変わったらに
んじん、じゃがいもを加え、しっかり油が回るま
で炒める。パプリカ、トマト、**A**、ひたひたの水
（約400㎖）を順に加え、アクを取りながら沸騰させ、
クッキングシートで落としぶたをしてから鍋のふ
たをする。

3 鍋ごとオーブンへ

天板に**2**の鍋をのせ、180℃に予熱したオーブンで
30分加熱する。そのまま20分ほどおき、塩、粗び
き黒こしょうで味をととのえる。

POINT!

**やわらかく煮込んだ
牛肉と野菜の甘みが美味**

ビールで煮込んだやわらかな牛
肉と、野菜の甘みがよく合いま
す。野菜がたっぷり食べられる
ので、普段の食事にはもちろん、
おもてなしのテーブルに出して
も喜ばれます。

サーモンのクリームシチュー

カリフラワーが入った白いクリームシチューに、サーモンの淡いピンクがのぞき、
見ているだけでほっと落ち着くような一品です。寒い日の夜にどうぞ。

OVEN
180°C
- - - - - - -
20min.
▼
WAIT
15min.

材料（4人分）

サーモン（切り身）… 4切れ（400g）
カリフラワー…大½個
玉ねぎ… 1個
セロリ… 1本
塩…小さじ½
粗びき黒こしょう…適量
薄力粉…大さじ2
A 塩…小さじ½
　　生クリーム… 200㎖
牛乳… 100㎖
塩・粗びき黒こしょう…各少々
バター…大さじ2
イタリアンパセリ…適量

作り方

1 材料を準備する
サーモンはキッチンペーパーで水けを拭き取り、食べやすい大きさに切り、塩、粗びき黒こしょうをふり、薄力粉をしっかりまぶす。カリフラワーは大きめに切り分け、縦半分に切る。玉ねぎ、セロリは1cm角に切る。

2 沸騰させる
鍋にバターを中火で熱し、サーモンを入れ、両面を軽く焼いて一度取り出す。同じ鍋に玉ねぎ、セロリを入れて炒め、しんなりしたら、カリフラワー、サーモン、**A**、牛乳を順に加える。沸騰したら、クッキングシートで落としぶたをしてから鍋のふたをする。

3 鍋ごとオーブンへ
天板に**2**の鍋をのせ、180℃に予熱したオーブンで20分加熱する。そのまま15分ほどおき、塩、粗びき黒こしょうで味をととのえ、仕上げにちぎったイタリアンパセリをのせる。

POINT!

**サーモンは余分な水けを
拭き取ってから使う**

サーモンはひと口大より少し大きめに切ることで、よりふっくらとした食感を感じることができ、食べ応えもよくなります。下準備でしっかり水けを拭き取り、生ぐささを取って。

ボルシチ

ビーツが入ったスープの深い赤が印象的な、
東欧の定番料理です。バゲットなどのパンを添えて召し上がれ。

OVEN

180°C

- - - - - - - - - -

30min.

WAIT

20min.

材料（4人分）

牛カルビ焼き肉用肉…400g
ビーツ…大½個
じゃがいも…中2個
にんじん…1本
パプリカ（赤）…1個
キャベツ…¼個
玉ねぎ…1個
塩…小さじ½
粗びき黒こしょう…適量
薄力粉…大さじ2
A ┃ ホールトマト缶…½缶
　　┃ ローリエ…1枚
　　┃ 塩…小さじ⅔
塩・粗びき黒こしょう…各少々
サワークリーム…適量
サラダ油…大さじ1

作り方

1 **材料を準備する**
牛肉は塩、粗びき黒こしょうで下味をつけ、薄力粉をしっかりまぶす。ビーツは塩、酢各適量（分量外）を入れた湯で15〜20分下ゆでし、皮をむいて7mm幅のいちょう切りにする。じゃがいも、にんじんは1.5cm角に、パプリカ、キャベツ、玉ねぎは2cm角に切る。

2 **沸騰させる**
鍋にサラダ油を熱し、牛肉を炒め、にんじん、じゃがいも、玉ねぎを加えて炒め、ビーツ、パプリカ、キャベツ、**A**、ひたひたの水（約300㎖）を順に加える。アクを取りながら沸騰させ、クッキングシートで落としぶたをしてから鍋のふたをする。

3 **鍋ごとオーブンへ**
天板に**2**の鍋をのせ、180℃に予熱したオーブンで30分加熱する。そのまま20分おき、塩、粗びき黒こしょうで味をととのえ、サワークリームを加える。

POINT!

**ビーツは下ゆでしてから
調理する**

ビーツはかたい野菜なので、下ゆでしてやわらかくしてから調理すると、扱いやすくなります。生のものが手に入らないときは、水煮缶でもOK。食べる血液ともいわれるほど栄養豊富です。

バターチキンカレー

たっぷりの玉ねぎをみじん切りにして加えた、手羽元がメインのカレーです。
数種類のスパイスをブレンドし、食欲をかき立てる香りがたまらない本格カレーに。

OVEN

180℃

- - - - - - - - - -

30min.

▼

WAIT

20min.

材料（4人分）

鶏手羽元…500g
玉ねぎ…2個
にんにく…2かけ
しょうが…1かけ
塩…小さじ⅔
カレー粉…大さじ½
薄力粉…大さじ2
A｜ホールトマト缶…1缶
　｜パプリカパウダー…大さじ2
　｜ターメリック…大さじ1
　｜チリパウダー…大さじ½〜1
　｜カレー粉…大さじ1
　｜ココナッツミルク…200㎖
　｜塩…小さじ½
塩・粗びき黒こしょう…各少々
バター…大さじ2
サラダ油…大さじ1½

作り方

1 材料を準備する
手羽元は塩、カレー粉で下味をつけ、薄力粉をしっかりまぶす。玉ねぎ、にんにく、しょうがはみじん切りにする。

2 沸騰させる
鍋にサラダ油を熱し、玉ねぎ、にんにく、しょうがを炒める。うっすら茶色く色づいたら手羽元を加えてさらに炒め、**A**、ひたひたの水（200〜300㎖）を順に加える。アクを取りながら沸騰させ、クッキングシートで落としぶたをしてから鍋のふたをする。

3 鍋ごとオーブンへ
天板に**2**の鍋をのせ、180℃に予熱したオーブンで30分加熱する。そのまま20分ほどおき、塩、粗びき黒こしょうで味をととのえ、バターを加える。

POINT!

**手羽元の下味にも
スパイスを使う**

さまざまなスパイスをブレンドした、香り高く味わい深いカレーには、手羽元の下味にもカレー粉を使って抜かりなく。薄力粉をまぶしてうまみを閉じ込めましょう。

豚バラとかぼちゃと
いんげんのカレー

スパイシーなカレーに、ほくほくとしたかぼちゃの甘さがクセになる一品です。
具沢山のカレーには、玄米や雑穀米を混ぜたごはんを合わせるのがおすすめ。

OVEN

180°C

20min.

WAIT

15min.

材料（4人分）

豚バラ薄切り肉…300g
かぼちゃ…¼個
さやいんげん…12本
玉ねぎ…1個
しょうが…1かけ
にんにく…2かけ
塩…適量
カレー粉…大さじ½
薄力粉…大さじ2
クミンシード…小さじ1
A ┃ カレー粉…大さじ2
　　┃ ガラムマサラ…大さじ½（あれば）
粗びき黒こしょう…少々
バター…大さじ1
サラダ油…大さじ1

作り方

1　材料を準備する
豚肉は塩小さじ½、カレー粉で下味をつけ、薄力粉をしっかりまぶす。かぼちゃは2cm角に切る。さやいんげんはヘタを切り落とし、半分に切る。玉ねぎは1cm幅のくし形切りにする。しょうが、にんにくはみじん切りにする。

2　沸騰させる
鍋にクミンシード、サラダ油を熱し、香りが出たらしょうが、にんにくを加えて炒める。豚肉を加えて脂を出すように焦がし気味に炒め、かぼちゃ、さやいんげん、玉ねぎ、**A**を加えて炒め、香りが出たら、ひたひたの水（300〜400㎖）、塩小さじ½を順に加える。アクを取りながら沸騰させ、クッキングシートで落としぶたをしてから鍋のふたをする。

3　鍋ごとオーブンへ
天板に**2**の鍋をのせ、180℃に予熱したオーブンで20分加熱する。そのまま15分ほどおき、塩少々、粗びき黒こしょうで味をととのえ、バターを加える。

POINT!

**豚肉の脂を出すように
炒めてうまみアップ**

豚肉をしっかり炒めて脂を出すことで、豚肉からだしが出て、うまみたっぷりのカレーになります。そこに、野菜の甘みとスパイスが加わり、あとをひくおいしさです。

ラムとトマトのフレッシュカレー

加熱してから加えるトマトやクレソン、パクチー、ミントのフレッシュさが、
独特な風味のあるラムによく合います。ラム好きに喜ばれること間違いなし！

OVEN

180℃

- - - - - - -

30min.

⬇

WAIT

20min.

材料（4人分）

ラムチョップ…8〜10本（800g）

玉ねぎ…1個

セロリ…1本

にんにく…2かけ

しょうが…1かけ

コリアンダーパウダー・
　クミンパウダー…各大さじ½

薄力粉…大さじ2

A｜ホールトマト缶…½缶
　｜塩…小さじ½
　｜ガラムマサラ…大さじ½（あれば）

カレー粉…大さじ2

トマト…小4個

クレソン・パクチー・ミント
　…各適量

塩…適量

粗びき黒こしょう…少々

サラダ油…大さじ1

作り方

1 **材料を準備する**

ラムチョップは塩小さじ1、コリアンダーパウダ
ー、クミンパウダーをふって下味をつけ、薄力粉
をしっかりまぶす。玉ねぎは薄切りにし、セロリ
はせん切りにする。にんにく、しょうがはみじん
切りにする。トマトは乱切りにし、クレソン、パ
クチーはざく切りにする。

2 **沸騰させる**

鍋にサラダ油を熱し、ラムチョップを入れ、両面
に焼き色がつくまで焼き、一度取り出す。同じ鍋
に、にんにく、しょうがを入れて炒め、香りが出
たらセロリ、玉ねぎを加えて炒め、カレー粉を加
えてさらに炒め、ラムチョップを戻し入れ、**A**、
ひたひたの水（300〜400mℓ）を順に加える。アク
を取りながら沸騰させ、クッキングシートで落と
しぶたをしてから鍋のふたをする。

3 **鍋ごとオーブンへ**

天板に **2** の鍋をのせ、180℃に予熱したオーブン
で30分加熱する。そのまま20分ほどおき、塩少々、
粗びき黒こしょうで味をととのえ、トマトを加え、
クレソン、パクチー、ミントを散らす。

> **POINT!**
>
> **ラムにはしっかり
> 下味をつける**
>
> 少しクセのあるラム肉は、塩だ
> けでなく、スパイスを使ってし
> っかり下味をつけることで、く
> さみを抑えることができます。
> 最後にフレッシュな野菜を加え
> て召し上がれ。

常備しておきたい
作りおきソース

OVEN
180℃
20min.
WAIT
10min.

ハーブをきかせた香りのよいソース
ベーシックな
トマトソース

材料（直径約18cmの鍋で作りやすい分量）
玉ねぎ…½個
にんにく…3かけ
カットトマト缶…1缶
A ┃ 乾燥オレガノ・乾燥バジル
　　┃　　…各小さじ⅓
　　┃ ローリエ…1枚
　　┃ 塩…小さじ1
塩…少々
オリーブオイル…50㎖

作り方

1 玉ねぎ、にんにくはみじん切りにする。

2 鍋にオリーブオイルを熱し、**1**を炒め、トマト缶、**A**を加える。沸騰したら、クッキングシートで落としぶたをしてから鍋のふたをする。

3 天板に**2**の鍋をのせ、180℃に予熱したオーブンで20分加熱する。そのまま10分ほどおき、塩で味をととのえる。

STORAGE
冷蔵1週間
冷凍1ヵ月

OVEN
180℃

30min.

WAIT

20min.

作りおきのソースもオーブンで。
肉や魚介のソテー、パスタ、
ごはんなどにかけるだけで、
簡単なのに、おいしい一品が完成！

STORAGE

冷蔵5日

冷凍1ヵ月

パスタにもドリアにも使える万能ソース

ミートソース

材料（直径約18cmの鍋で作りやすい分量）

合いびき肉…200g
玉ねぎ…1個
セロリの茎…½本
セロリの葉（みじん切り）…大さじ3
にんにく…2かけ
A┌カットトマト缶…1缶
　│白ワイン…50mℓ
　│トマトケチャップ…大さじ3
　│ウスターソース…大さじ1
　│ナツメグ…少々
　│ローリエ…1枚
　└塩…小さじ1
塩・粗びき黒こしょう…各適量
オリーブオイル…50mℓ

作り方

1 玉ねぎ、セロリの茎、にんにくはみじん切りにする。

2 鍋にオリーブオイル、にんにく、ひき肉を入れて火にかけ、玉ねぎ、セロリの茎と葉を加えて炒め、しんなりしたら、**A**を加える。沸騰したら、クッキングシートで落としぶたをしてから鍋のふたをする。

3 天板に**2**の鍋をのせ、180℃に予熱したオーブンで30分加熱する。そのまま20分ほどおき、塩、粗びき黒こしょうで味をととのえる。

にんにくの香りが、食欲をそそる!

きのこの
ガーリックソース

材料（直径約18cmの鍋で作りやすい分量）

しめじ・まいたけ・しいたけ
　…各1パック
にんにく…2かけ
赤唐辛子
　（半分に切って種は取り除く）…1本分
塩・粗びき黒こしょう…各適量
A｜白ワイン…100ml
　｜塩…小さじ1
　｜ローリエ…1枚
オリーブオイル…50ml

作り方

1 しめじは石づきを切り落としてほぐし、まいたけは細かくほぐす。しいたけは軸を切り落として縦4等分に切る。にんにくは芽があれば取り除き、薄切りにする。

2 鍋にオリーブオイル、赤唐辛子、にんにくを熱し、香りが出たらきのこを加え、しんなりするまで炒める。塩、粗びき黒こしょう各少々を加えて炒め、A、ひたひたの水（150～200ml）を順に加え、沸騰したら、クッキングシートで落としぶたをしてから鍋のふたをする。

3 天板に**2**の鍋をのせ、180℃に予熱したオーブンで20分加熱する。そのまま15分ほどおき、塩、粗びき黒こしょう各少々で味をととのえる。

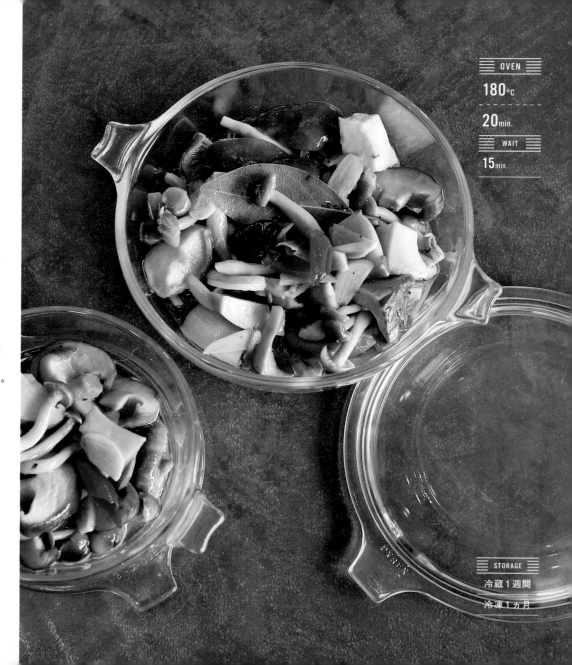

OVEN

180℃

20min.

WAIT

15min.

STORAGE

冷蔵1週間

冷凍1ヵ月

=== OVEN ===

180℃

15 min.

=== WAIT ===

10 min.

かたまりのツナをお好みでほぐして食べて

ツナとケイパーの
オニオンソース

材料（直径約18cmの鍋で作りやすい分量）

ツナ缶（オイル漬け／ファンシータイプ）…200g
玉ねぎ…1個
セロリ…1本
A　ケイパー…大さじ2
　　ローリエ…1枚
　　ローズマリー…1枚
　　赤唐辛子（半分に切って種は取り除く）…1本分
　　白ワイン…100㎖
　　オリーブオイル…100㎖
　　塩…小さじ½
　　粗びき黒こしょう…少々

パスタやバゲットに合わせて食べても

ドライトマトとオリーブのソース

材料（直径約18cmの鍋で作りやすい分量）

セミドライトマト…50g
ブラックオリーブ（種なし）…100g
にんにく…2かけ
A　赤唐辛子（輪切り）…1本分
　　白ワイン…50㎖
　　ローズマリー・タイム…各1枝
　　ローリエ…1枚
　　塩…小さじ½
粗びき黒こしょう…適量
オリーブオイル…100㎖

=== OVEN ===

180℃

15 min.

=== WAIT ===

10 min.

=== STORAGE ===

冷蔵5日

冷凍1ヵ月

作り方

1　玉ねぎは薄切りにする。セロリは斜め薄切りにする。

2　鍋に玉ねぎ、セロリ、ツナを缶汁ごと入れ、Aを加え、火にかける。沸騰したら、クッキングシートで落としぶたをしてから鍋のふたをする。

3　天板に2をのせ、180℃に予熱したオーブンで15分加熱する（加熱しすぎるとすべて溶けてしまうので注意）。そのまま10分ほどおく。

=== STORAGE ===

冷蔵1週間

冷凍1ヵ月

作り方

1　セミドライトマト、ブラックオリーブ、にんにくは粗みじん切りにする。

2　鍋に1、オリーブオイルを入れて熱し、Aを加え、火にかける。沸騰したら、クッキングシートで落としぶたをしてから鍋のふたをする。

3　天板に2の鍋をのせ、180℃に予熱したオーブンで15分加熱する。そのまま10分ほどおき、粗びき黒こしょうを加えてひと混ぜする。

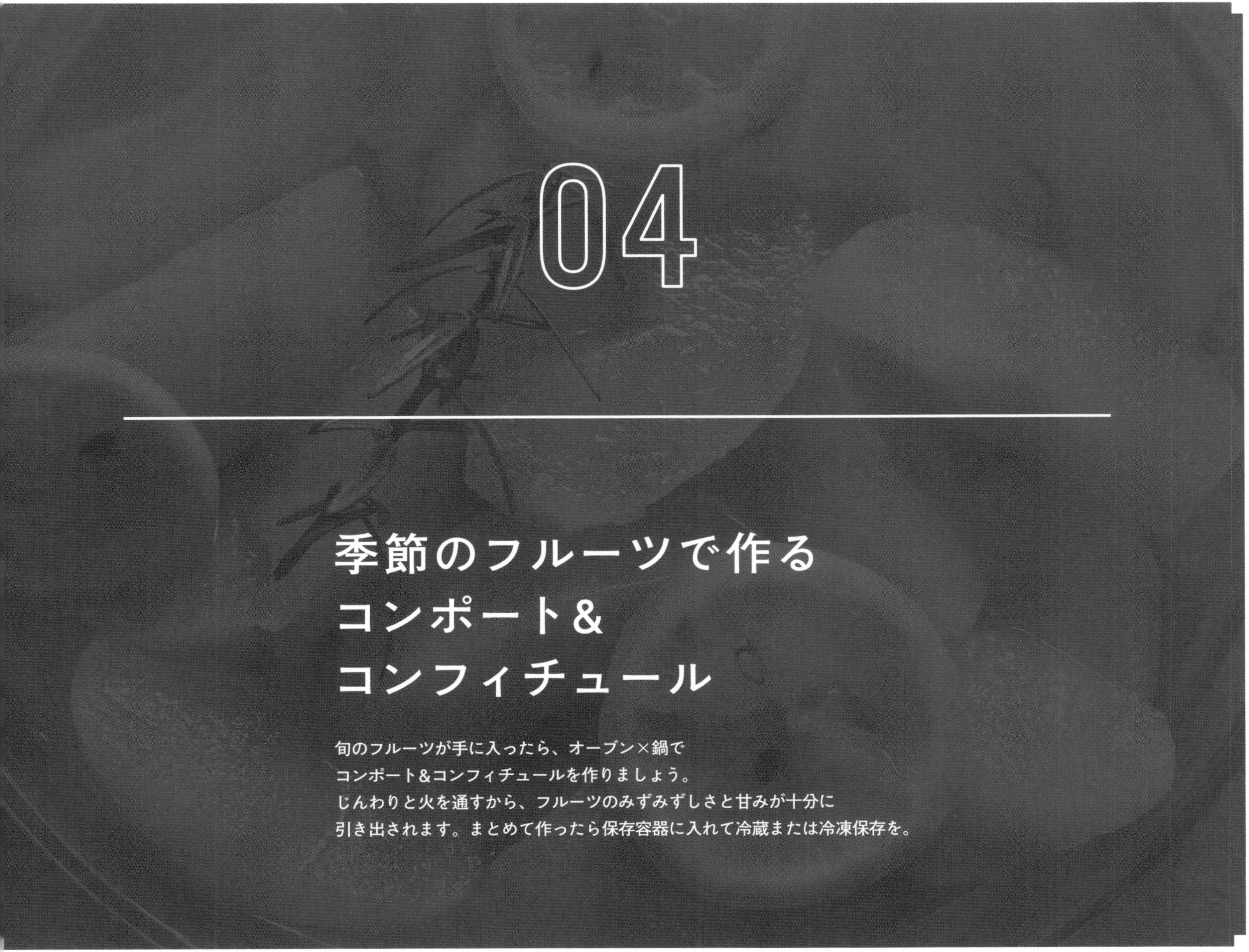

04

季節のフルーツで作る
コンポート＆
コンフィチュール

旬のフルーツが手に入ったら、オーブン×鍋で
コンポート＆コンフィチュールを作りましょう。
じんわりと火を通すから、フルーツのみずみずしさと甘みが十分に
引き出されます。まとめて作ったら保存容器に入れて冷蔵または冷凍保存を。

りんごとレモンのコンポート

甘く煮たりんごに、レモンをキュッと搾って、さわやかにいただきます。
白ワインの風味が広がる甘酸っぱいデザート。アイスクリームに添えて食べても。

OVEN

180℃

- - - - - - - - -

15min.

WAIT

15min.

STORAGE

冷蔵5日

冷凍(汁ごと)1ヵ月

材料
（直径約18cmの鍋で作りやすい分量）

りんご…2個
レモン（ノーワックス）…½個
白ワイン…50mℓ
砂糖…100g
ローズマリー…1本

作り方

1 材料を準備する
りんごは皮をむき、ヘタと種を取り除き、8等分に切る。レモンは輪切り3枚に切り、残りはとっておく。

2 沸騰させる
鍋にりんご、輪切りにしたレモン、白ワイン、砂糖、ひたひたの水（約300mℓ）を順に加え、火にかける。アクを取りながら沸騰させ、クッキングシートで落としぶたをしてから鍋のふたをする。

3 鍋ごとオーブンへ
天板に2の鍋をのせ、180℃に予熱したオーブンで15分加熱する。そのまま15分ほどおき、残りのレモンを搾り、ローズマリーをのせて香りをつける。

POINT!

**ローズマリーを
最後にのせる**

ローズマリーをのせて香りよく仕上げました。一緒に煮込んでしまうと香りがつきすぎたり、色が悪くなってしまったりするので、仕上げにのせるくらいがちょうどいいです。

プルーンの
エスニック風コンポート

4種のスパイスを使って甘みの中にも、メリハリのある味わいに。
パンやヨーグルトに合わせてもおいしい、ラム酒が香る大人のデザートです。

OVEN

180℃

- - - - - - - -

20min.

⌄

WAIT

30min.

STORAGE

冷蔵1週間

冷凍1ヵ月

材料
（直径約18cmの鍋で作りやすい分量）

ドライプルーン（種なし）…30個
紅茶（ティーバッグ）…1個
シナモンスティック…2本
クローブ…3粒
カルダモン…3粒
八角…1個
砂糖…150g
ラム酒…大さじ1

作り方

1 **沸騰させる**
鍋にラム酒以外の材料、かぶるくらいの水（約300㎖）を順に入れ、火にかける。沸騰したら、クッキングシートで落としぶたをしてから鍋のふたをする。

2 **鍋ごとオーブンへ**
天板に**2**の鍋をのせ、180℃に予熱したオーブンで20分加熱する。そのまま30分ほどおき、ラム酒を回しかける。

┌─────────────┐

POINT!

スパイス使いで
エスニック風に

プルーンの濃厚な甘みに、スパイスとラム酒がきいた、風味の豊かな一品です。スパイスを用意すれば、作り方は簡単なので、おもてなしやパーティーに出すのもおすすめです。

└─────────────┘

さつまいもと
レーズンのシナモン風味

シナモンスティックを使って、香りよく仕上げました。
やわらかいさつまいもに、レーズンの食感がアクセントになっています。

OVEN

180°C

- - - - - - - - - -

15min.

▽

WAIT

20min.

STORAGE

冷蔵5日

冷凍NG

材料
（直径約18cmの鍋で作りやすい分量）

さつまいも…大1本（300g）

A ┃ レーズン…大さじ3
┃ シナモンスティック…1本
┃ 砂糖…100g
┃ ラム酒…大さじ3

作り方

1 **材料を準備する**
さつまいもの皮をきれいに洗い、1cm幅に切り、
水にさらす。

2 **沸騰させる**
鍋に1、A、ひたひたの水（約300ml）を順に加え、
火にかける。沸騰したら、クッキングシートで落
としぶたをしてから鍋のふたをする。

3 **鍋ごとオーブンへ**
天板に2の鍋をのせ、180℃に予熱したオーブン
で15分加熱する。そのまま20分ほどおく。

POINT!

**シナモンとラム酒で
洋風デザート**

ほっこりとした味わいのさつま
いもをシナモンとラム酒で煮れ
ば、おしゃれな洋風のデザート
に。たくさんさつまいもがある
ときなどに作ると、雰囲気を変
えて楽しめます。

冷凍ベリーと
ドライいちじくのジャム

火にかけて長時間コトコト煮込むことなく、材料を入れたらあとはオーブンにおまかせ。
冷凍のミックスベリーとドライいちじくを使うので、旬を気にせず一年中作れます。

OVEN

180°C

- - - - - - - - -

30min.

WAIT

15min.

STORAGE

冷蔵1週間

冷凍1ヵ月

煮沸した瓶半年

材料
（直径約18cmの鍋で作りやすい分量）

冷凍ミックスベリー…300g
ドライいちじく（大きめ）…200g
砂糖…200g
キルシュ…大さじ1

作り方

1 **沸騰させる**
鍋に冷凍ミックスベリー、ドライいちじく、砂糖
を入れて中火にかける。沸騰したら、クッキング
シートで落としぶたをしてから鍋のふたをする。

2 **鍋ごとオーブンへ**
天板に1の鍋をのせ、180℃に予熱したオーブン
で30分加熱する。そのまま15分ほどおき、キルシ
ュを加えて混ぜる。

POINT!

**オーブンを使って
簡単ジャム作り**

鍋に材料を入れたらオーブンで
ほったらかし。火加減を気にせ
ずに作れます。ヨーグルトに合
わせたり、写真のようにクリー
ムチーズと一緒にバゲットにの
せたりして食べてもおいしい。

INDEX

レシピ作成・調理

上島亜紀（かみしま あき）

料理家・フードコーディネーター＆スタイリストとして女性誌を中心に活動。企業のレシピ監修、提案も行う。パン講師、食育アドバイザー、ジュニア・アスリートフードマイスターの資格を取得。簡単に作れる日々の家庭料理を大切にしながら、主催する料理教室「A's Table」では、楽しくて美しいおもてなし料理を提案。著書に『丸ごと野菜の使い切りレシピ』(Gakken)、『頑張らなくていい 仕込み1分の冷凍作りおき』(ナツメ社)、『ホットプレートで作るまいにちのごはん120』(ワン・パブリッシング) などがある。

STAFF

撮影 .... 松島 均

スタイリング .... 花沢理恵／城 素穂／阿部まゆこ

調理アシスタント ...... 常峰ゆう子／柴田美穂

デザイン .... 細山田光宣／松本 歩／榎本理沙
　　　　　　　　　　　（細山田デザイン事務所）

編集・構成 .... 丸山みき（SORA企画）

編集アシスタント ...... 岩本明子／柿本ちひろ／樫村悠香
　　　　　　　　　　 大西綾子／秋武絵美子／永野廣美（SORA企画）
　　　　　　　　　　 中野愛美（Gakken）

※本書は『切って並べて焼くだけ！天板1枚で、ごちそうオーブン料理』(2016年刊)、『鍋ごとオーブンで、ごちそう煮込み料理』(2017年刊)を再編集し、新規レシピを加えた合本版です。

切って並べて焼くだけ！
ごちそうオーブン料理

2023年10月10日　第1刷発行

著者	上島亜紀
発行人	土屋 徹
編集人	滝口勝弘
企画編集	田村貴子
発行所	株式会社Gakken
	〒141-8416
	東京都品川区西五反田2-11-8
印刷所	大日本印刷株式会社
DTP製作	株式会社グレン

●この本に関する各種お問い合わせ先

本の内容については、下記サイトのお問い合わせフォームよりお願いします。
　https://www.corp-gakken.co.jp/contact/

在庫については Tel 03-6431-1250（販売部）
不良品（落丁、乱丁）については Tel 0570-000577
　学研業務センター 〒354-0045 埼玉県入間郡三芳町上富279-1
上記以外のお問い合わせは Tel 0570-056-710（学研グループ総合案内）

©Aki Kamishima 2023 Printed in Japan

学研グループの書籍・雑誌についての新刊情報・詳細情報は下記をご覧ください。
学研出版サイト：https://hon.gakken.jp/